ダイバーシティとマーケティング

LGBTの事例から理解する新しい企業戦略

四元正弘・千羽ひとみ　著

ダイバーシティとマーケティング

LGBTの事例から理解する新しい企業戦略

はじめに

ドラッカーで考える
マーケティングの基本と本質

この本は「ダイバーシティ社会に対して、ビジネスはどうあるべきなのか？」のヒントを探ることを目的に、ＬＧＢＴや性的マイノリティをダイバーシティの現代的象徴と捉えつつ、彼ら・彼女らに対するビジネスの向き合い方を多面的に検討するものである。そして、ビジネスの基軸となる考え方に「マーケティング」を据えようと考えている。

ただし、マーケティングという言葉はビジネス用語として頻繁に語られているものの、その本質は意外と理解されていないように思う。たとえば、「つくった商品をどう売るか」を考えることがマーケティングだと思われている節があるが、マーケティングの本質は「売れる商品をどうつくるか」である。単なる言葉遊びのように思うかもしれないが、この違いはとてつもなく大きい。

マーケティングの権威としてフィリップ・コトラーやディビッド・アーカーなど高名な学者は多数存在するし、大きな書店に行けばマーケティング関連のツールや戦略などを解説するビジネス書をいくらでも見つけることができる。しかし、私が思うに、マーケティングの最良の理解者は実はマーケティング学者ではなく、経営学者のドラッカーではないかと思っている。彼ほどマーケティングの本質を的確に理解している人を他に知らない。

各種ツール類や戦略を駆使したとしても、本質を見失っては、それこそ文字通りに「策に溺れる」が如し。したがって、本書のスタートとしては、敬愛するドラッカーの考え方を軸に、マーケティングの本質を概観することから始めようと思う。

ピーター・F・ドラッカー（1909〜2005）は、経営学の大巨匠もしくは神様と崇めてもおかしくないくらいの偉大な研究者である。ただし、経営学といっても、実用的な経営ノウハウの類ではまったくない。思想というか心構えというほうがシックリくるかもしれない。その意味で、哲学や宗教にも似た深淵性が彼の著書には、そこはかとなく漂う。

日本では、書籍『もし高校野球の女子マネージャーがドラッカーの「マネジメント」を読んだら』（通称「もしドラ」、岩崎夏海著、2009年、ダイヤモンド社）で知名度がグッと上がったが、そのはるか以前から彼の著書はビジネス・マネジメントのバイブルとして活用されてきたし、日本を含めて世界中の名だたる大物経営者が薫陶を受けてきた。

そのドラッカーは様々な金言名句を残しているが、その一つに次がある。

企業の目的は、顧客の創造である。
そして顧客創造のために、企業はイノベーションとマーケティングの
二種の基本的機能を持たなければならない。

イノベーションは、今や目にしない日はないほど頻出するビジネス用語である。革新的な新製品ができれば新市場の確立を通じて新規顧客を獲得できることは言うまでもなかろう。また、生産プロセスを革新的に進化させて製造原価を大幅に下げることができれば、それまで価格がネックになって躊躇していた顧客を新たに呼び込むことも可能になる。さらに言えば、企業体質や体制が革新的に変化していくこともイノベーションである。

ドラッカーは「富の創出能力を増大させるものすべて」がイノベーションの対象になり得ると説くように、イノベーションの起きる領域に境界線はなく、その可能性は無限に広がっている。

ちなみに広辞苑（第六版）によると、イノベーションとは「①刷新。革新。新機軸。②生産技術の革新・新機軸だけでなく、新商品の導入、新市場・新資源の開拓、新しい経営組織の形成などを含む概念。シュンペーターが用いた。日本では技術革新という狭い意味に用いることもある」と記されている。

実は最後の「技術革新という狭い意味に用いる」というのは日本だけの奇異な解釈である。１９５８年の「経済白書」の中でイノベーションを技術革新と表記したことに端を発するらしい。この記述が日本人のイノベーション観を狭めたのであれば残念でならない。

極端に言えば、この「イノベーション＝技術革新」の表記が原因で工学系以外はイノベーションを他人事としてしか考えられず、その恩恵に浴することもなく今日に至るわけだ。このことがしばしば指摘される日本のホワイトカラーの労働生産性の低さに繋がっているとしたら、なんと罪つくりな白書だったのだろう。

さて、この重要なイノベーションと並び立つ基本的機能として、ドラッカーはマーケティングを挙げている。そうなのだ、経営学の神様は意外なほどにマーケティングを高く評価してくれているのである。よくマーケティングを「つくった製品をどう売るか？」として捉える向きがある。酷い時には、「積み上がった在庫をどうやって処理するか？」なんて枝葉末節なこともマーケティングの仕事だと思われている。

しかし、これは優れたマーケティングとはとても言えない。百歩譲ってマーケティングの領域に一応入るとしても、後手後手に回る悪いマーケティングの典型であり、「真のマーケティング」にはほど遠い。

ドラッカーはマーケティングを次のように定義している。

真のマーケティングは、顧客からスタートする。
「我々は何を売りたいか」ではなく、「顧客は何を買いたいか」を問う。
「商品ができること」ではなく、「顧客が価値ありとする満足」を語る。

つまり、マーケティングは「真の顧客は誰か？」「彼ら・彼女らの真のニーズはなにか？」をとことん掘り下げて考えることが基本であり、それを見定めたのちに、初めてすべてのビジネスが始動するわけだ。ただし、その一方でドラッカーは、顧客像を理解することは簡単そうで実は非常に難しい、とも注意を促す。

たとえば「介護ビジネスの顧客は誰か？」に対して、「介護を必要とする老人」という答えは間違ってはいないが、トートロジー（同義反復）に陥った落第スレスレの最低レベルの答えだ。ドラッカーの考える顧客像はそんなに単純でわかりやすくない。前述のドラッカーの言葉を再活用すると、「ある顧客を自分たちの製品が満足させ得るとして、その製品の価値を最も高く評価してくれるのは誰なのか？」という問いへの答えが、顧客像である。

介護ビジネスの例に戻れば、「設備がゴージャスな施設」「職員がフレンドリーな施設」「家族とのコミュニケーションを大切にする施設」など、自社の競争優位性に従って顧客像を緻密に深掘りすることが肝要である。しかし、実際の多くのビジネスでは、真の顧客ニーズを見定めることなく、世間で言われている常識的な顧客像や顧客ニーズを一応押さえただけで安易に事業をスタートさせることが多い。そしてその結果、ほぼ確実に失敗に帰する。

現代はインターネットを通じて仕事仲間やお客を容易に見つけられるようになって、起業の障壁は以前よりも確実に低くなった。起業するだけなら誰でもできる今の時代だからこそ、改めて企業経営の原点ともいえるドラッカーの言葉の重みが一層増しているのではなかろうか。繰り返すが、「顧客は誰か？　どんな満足を求めているのか？」が事業のスタートラインだ。この正しい理解を抜きにして、いかなる事業も成立し得ないのである。

そして、ドラッカーのマーケティング観は次の文章に如実に示されている。

マーケティングの理想は、販売を不要とすることである。

「販売を不要とする」とはいささか大仰な言い方だが、要は「売るための努力を最小化する」ということだと私は解釈している。顧客のニーズを的確に汲み取って商品に反映するとともに、その商品がもたらす顧客満足をきちんと伝えることができれば、消費者は思わず買いたい気持ちになって、企業がさほど努力しなくても勝手に購入してくれるはずである。これこそが、ドラッカーの考える理想のマーケティングだ。「つくった商品をどう売るか」ではなく、「売れる商品をどうつくるか」に、マーケティングの本質が宿るのである。そして、それを実現する大前提として、「自らの強み」を生み出したり、確認したりすることが非常に重要になる。

この点について、ドラッカーも次のように述べている。

不得手なことに時間を使ってはならない。自らの強みに集中すべきである。

逆に考えると、「自らの強み」を活かさなければ平均的で凡庸な商品しかつくれないわけだが、そんな商品を誰が好んで選んでくれるというのか。値下げ競争などの売るための努力をしなければとても売れないだろう。それはドラッカーの説く理想のマーケティングとは真逆の姿なのだが、そこに陥って悪戦苦闘している事例も決して少なくない。そう考えると、前記の「売れる商品をどうつくるか」は、より正確にいうと「自らの強みを活かして売れる商品をどうつくるか」と補足したほうが良さそうだ。

以上を踏まえて、ドラッカーのマーケティングを私なりに概観した図を次に示す。一般的なサプライチェーンやバリューチェーンでは企業から顧客への一方向の矢印で示されるが、「強みのある企業」と「その強みを評価する顧客」とが製品を介して向き合う構図にこそマーケティングの本質が宿っているのではないだろうか。

さて、昨今の経営課題の一つに「ダイバーシティ経営」がよく挙げられる。たとえば、経済産業省は「ダイバーシティ経営によって企業価値向上を果たした企業」を2012年から毎年表彰している。そして、その背景にあるのは「多様な人材を活かし、その能力が最大限発揮できる機会を提供することが、イノベーションの創出ならびに競争力向上に役立つ」という思想である。

これまで日本企業は、とかく効率化を目指して社則や社風、新卒一括採用などで社員の同質化を志向してきたきらいがある。「先例に追いつけ、追い越せ」のキャッチアップが是とされてきた古き良き時代はそれでよいだろうが、ビジネス環境の変化や顧客ニーズの多様化への迅速かつ的確な対応を求められる現代の企業経営において社員同質化はむしろイノベーションの芽を摘む弊害になりかねない。経営課題にダイバーシティが急浮上している所以である。

図表①：ドラッカーの考える「真のマーケティング」

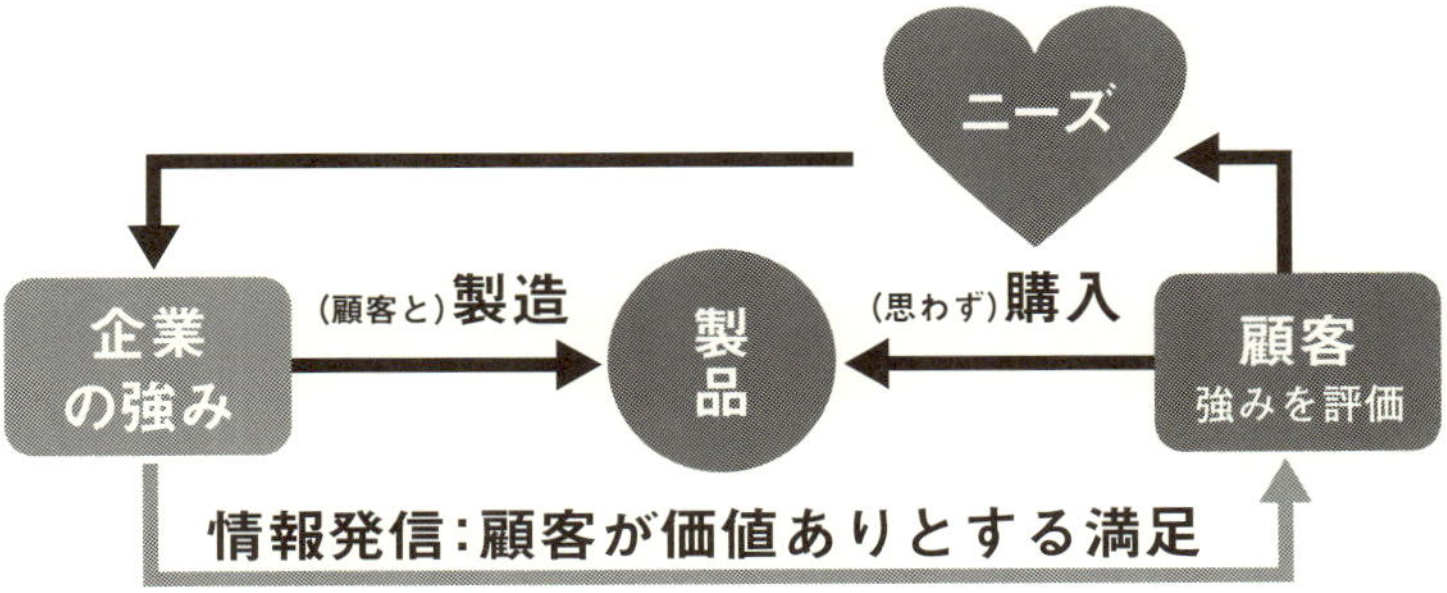

出典：著者作成

図表②：ダイバーシティ経営の全体像とその構成要素

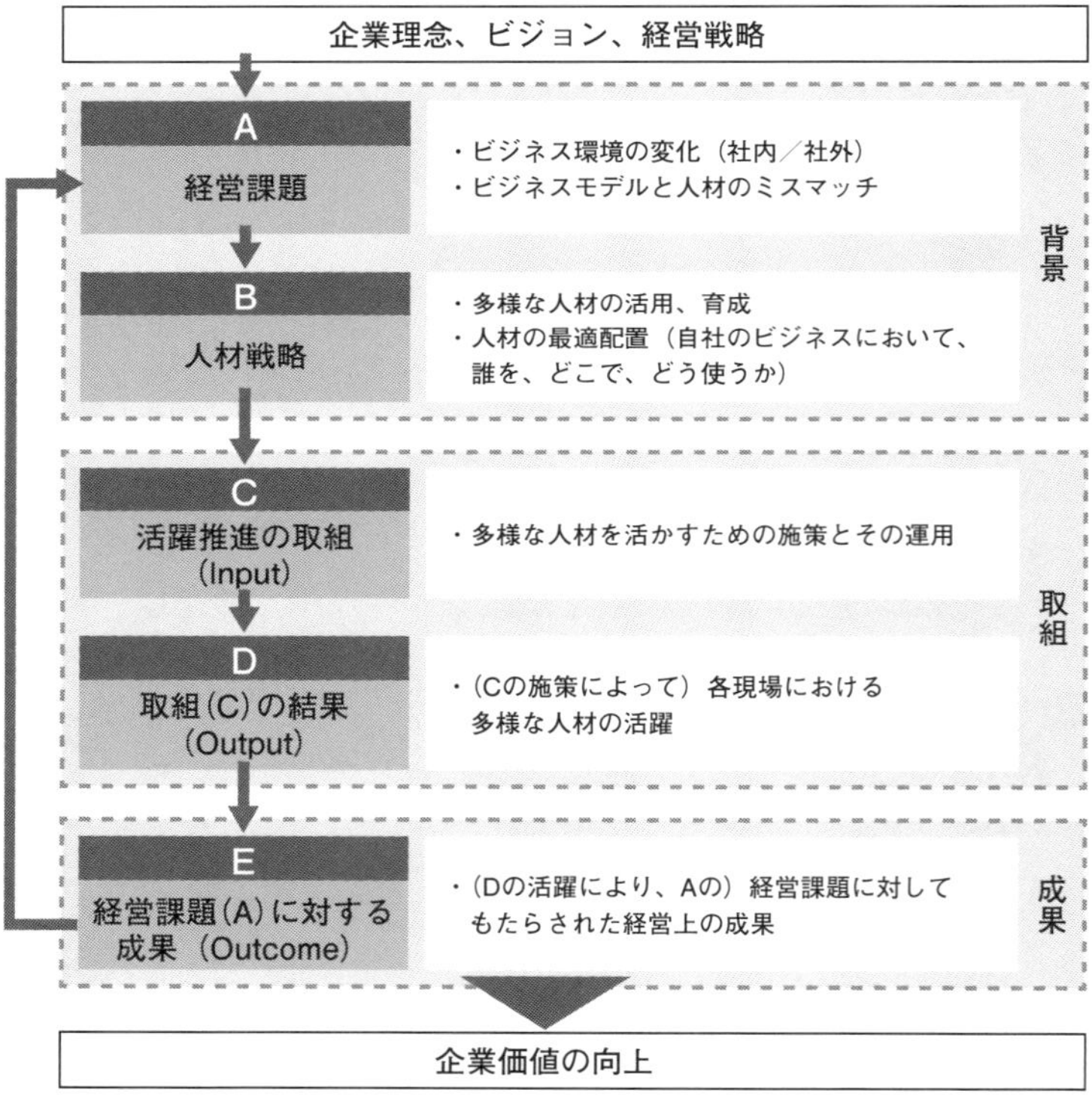

出典：「平成28年度　新・ダイバーシティ経営企業100選」募集要領

そして実際に多くの日本企業がダイバーシティ経営を重視し始めている。ただし、その取り組みの大半は「女性の活用」が中心で、さらに広げても高齢者や障がい者までという印象が強い。もちろん、女性活用を否定するつもりもないし、それもダイバーシティの一環であることは間違いない。しかし、思想や価値観、嗜好、ライフスタイルなど、社会はもっと豊饒なダイバーシティに溢れている。女性活用に注力するだけでは、真のダイバーシティ経営とは程遠いのではあるまいか。

そこで本書では、ダイバーシティの現代的象徴としてＬＧＢＴや性的マイノリティに注視したい。ダイバーシティ施策の中心が女性活用になっていることが示すように、「男性vs女性」のジェンダー的な対立構図は直感的かつ明快で、ダイバーシティの入り口として確かにわかりやすい。しかし、その一見明快な構図を超えて社会に少なからず存在しているのがＬＧＢＴや性的マイノリティであり、彼ら・彼女らに対してビジネス的に真摯に向き合うことが真のダイバーシティ経営の一助になると考えるからだ。

そのような考えのもと、ドラッカー流のマーケティングを基本的な視座として、ＬＧＢＴや性的マイノリティに対するビジネス面からの向き合い方の考察を、次章からスタートしてみようと思う。

第1章

ダイバーシティとはなにか

ダイバーシティとユニバーサルの狭間で

ダイバーシティ（Diversity）という英語は、一般的に「多様性」と日本語訳されることが多い。ダイバーシティの語源を辿るとラテン語で「ｄｉ：離れて・バラバラに＋verse：向く・方向転換する（英語のturnと同意）」に行き当たる。だから、多様性と訳されるのだが、なんとなくお役所言葉のような無機質性や無味乾燥さを感じてしまうのは私だけだろうか。そう考えると、ダイバーシティを機械的に多様性と訳するのは、ややツマラナイ。ちょっと長いが、私ならダイバーシティを次のように意訳したい。

ともすれば統一的にまとめられてしまうコトやモノに対して、本来の特性や個性を尊重して多種多様な状態を肯定すること――。

私事になって恐縮だが、筆者の生い立ちは普通の家庭とかなり異なっており、だからなのだろうか、標準とか平均とかの考えが嫌いで「人それぞれ」が当然だと思っている。今回ダイバーシティをテーマに書きたいと思ったこともその因縁なのかもしれない。

さて、語源に戻って言葉の構造を把握すると、接頭語や接尾語を入れ替えるだけで反対語や類似語を系統だって理解することができる。ダイバーシティの場合、「ｄｉ：離れて・バラバラに」を「ｕｎｉ：一つに」に入れ替えることで真逆の概念・言葉ができあがるわけだが、なんとそれは宇宙や全世界、統一を意味するユニバース（Universe）になり、語源的には「一つになる／統一的な」を意味する。

統一的な法則によって具現化した各天体の秩序ある配置こそが、宇宙が宇宙たる所以ということなのだろう。また、形容詞のユニバーサル（Universal）は「一般的・普遍的・統一的・均一的・共通の」などに和訳されることが多い。派生語として大学を意味するユニバーシティ（University）もあるが、この言葉が総合大学を意味する背景には多様な知恵や人材が一つに結びつく理想の場として大学という機関が発想・設計された経緯があるとされる。

一般的に今の風潮ではダイバーシティは肯定すべきポジティブな概念だと言って間違い

あるまい。ならばその反対語はネガティブなのかと思いきや、これまたポジティブな印象が強いユニバース／ユニバーサル。ここにダイバーシティを実現するうえでの難しさ、さらに言えばダイバーシティそのものの脆さがあるのではなかろうか。

これまでの人類の長い歴史を振り返ると、英雄や偉人たちは一貫して「ユニバーサル（統一）を実現したい」という熱意に突き動かされていたように思われる。ユニバーサルは強者が常に理想とするゴールであり、領土、宗教、政治、思想、科学などあらゆる領域においてユニバーサル化が企てられてきた。ユニバーサル主義といっても良いだろう。しかし、その一方で、ユニバーサル化の下では内部の結束や規律を強めるために特定の教義や規範規律、常識を次々と生み出し、さらにそれらを拠り所としてあたかも取りつかれたように均一的で巨大な集団が生まれては消えていった。そして、やがては巨大化した集団同士がいやでも接触せざるを得ない段になって、相手集団を打ち負かしては取り込む形でさらにユニバーサル主義を押し進めてきたのが列強の歴史だ。農耕が主産業であるほど、水利や土地をめぐって争いが起こりやすかったという説もある。まさに「人類の歴史はユニバーサル化の歴史であると同時に戦争の歴史」と言えよう。

古くは紀元前三千年前の古代エジプトの戦争を記録した石版も発見されているそうだが、さらに以前の戦いについては単に記録が残っていないだけで、原始人の時代からそのときどきのユニバーサル化に端を発する無数の戦争が繰り返されてきたのは火を見るより明らかだ。アレキサンダー大王、チンギスハン、十字軍、ナポレオンしかり。世界統一を目指す無数の野心家たちが、地球のあちこちで何度も大規模な侵略戦争を引き起こしてきたわけである。

日本史を振り返っても、天下統一を振りかざして有力大名が戦に明け暮れた戦国時代や、幕府軍と官軍の間で日本の覇権を列島全土で争った明治維新など、統一というスローガンが跋扈《ばっこ》する時代はなんとも血腥《なまぐさ》い。さらに近代になってからは、ユニバーサル集団＝国民国家となってその規模や破壊力が極大化した結果、悲惨な世界大戦を二度に渡って経験した。

第二次世界大戦終結から七十余年間は幸い大国間の戦争は起きなかったが、小国間の衝突は幾度もあったし、近年では「イスラム国」などの過激宗教集団が世界中でテロを繰り返している。また21世紀になって新大国として「一帯一路」構想というユニバーサル化のスローガンを掲げる中国が軍事力を急速に増強しており、第三次世界大戦を危惧する声も出始めている。

このようにユニバーサル主義は常に英雄や偉人、エリートなど社会上層の人々を、そしてときには一般庶民までをも魅了して止まない。ダイバーシティを大切にしたい私に言わせれば、これは非常にタチが悪い。ユニバーサル主義は外部に対して好戦的になる一方で、内部の異物に対しては邪魔モノ扱いして排除するか、無理やりにでも同化させようとして、ダイバーシティを決して許容しないからである。その意味で、ユニバーサル化とダイバーシティはまさに事実上のトレードオフの関係にあり、「ユニバーサルもダイバーシティも両方大事だよね」なんて甘っちょろい世迷言は成立しない、と私は考える。

そう、多様な考え方や生き方が尊重され、実現されるべきだとしてダイバーシティ社会を志向するということは、これまでも今も人類を魅了してやまないユニバーサル主義から意識して距離を取る覚悟が求められるということでもある。

ところが、ダイバーシティが社会運動論として注目されるにつれて、皮肉なことにここでもユニバーサル化が首をもたげて、スローガンやユニフォーム、バッジ等の外見や各種定義を統一しようという動きが出てくる。なんとまぁ人間とはユニバーサル化が好きなのだろう、と苦笑してしまう。それでもダイバーシティを尊重する以上、異質を排除するのではなく、「それも良いけど、こういうのもあって良いよね」的な緩さを大事にしてほしいと思う。

現代はインターネットで人類の半分以上が情報的に結ばれており、コミュニケーションやコラボレーションがいまだかつてないほど容易に行われている時代で、その動きは加速する一方だ。しかし一方で、外には周知されない島宇宙的な集団がネット上で次々と生まれ、「自分たちは正しい、自分たち以外は邪」という正義のユニバーサル化の下で狂信的な思想がすくすくと育ちやすい時代でもある。まさにＩＳＩＳ（イスラム国）がその典型だろう。

ユニバーサル主義はやがて戦いを招き、敗者は勝者に統一されていく。後世から敗者を悪者扱いして糾弾することは易いが、真に糾弾すべきはダイバーシティの精神を失った社会や世論なのではなかろうか。唯一の価値観に収れんした社会がやがて暴走し、そして悲惨な結末を迎えた歴史を人類は何度も見てきているのだから。

ダイバーシティの象徴としてのＬＧＢＴ・性的マイノリティ

ダイバーシティを象徴する存在として、ＬＧＢＴの人々に焦点があたることが多くなっている。ＬＧＢＴとは、レズビアン（Lesbian：女性の同性愛者）、ゲイ（Gay：男性の同性愛者）、バイセクシュアル（Bisexual：両性愛者）、トランスジェンダー（Transgender：生物的性と自覚的性の不一致者。性同一性障がい者を含む）[※1]の四つの頭文字を並べた造語で、内容的な齟齬はあるものの「性的マイノリティ（少数者）[※2]」と日本語訳されることも多い。

ただし、定義的には明らかに「性的マイノリティ＞ＬＧＢＴ」。すなわち、ＬＧＢＴ以外の性的マイノリティが多数存在する。したがって本書では、インタビュー相手がそう発言しているなどの特段の事情がない限り、ＬＧＢＴよりも概念や該当者の範囲が広い「性的マイノリティ」の呼称を原則的に用いることとしたい。ちなみに、ゲイという単語には元来的に「陽気な・派手な」という意味があり、欧米の同性愛者が自分たちをポジティブに再定義する目的で、ゲイと自称し始めたとされている。したがって英語圏ではレズビアンを含めたすべての同性愛者をゲイと総称することがあるようだが、今日では先述のように同性愛男性に限定して用いられるのが一般的になってきている。

さて、日本人20〜59歳に占める性的マイノリティの比率は、電通調査によれば7・6％（2015年）に達するとのこと。[※3]また、博報堂傘下のLGBT総合研究所も同様の調査を2016年に実施したところ、8・0％に該当するという（以降、この調査を博報堂系調査と称する）。異なる二社がほぼ同時期に性的マイノリティ調査を実施し、しかもほぼ同じ該当比率を算出しているという事実は、このボリューム感の信憑性を証明していると考えられる。「日本の性的マイノリティ約1割説」と言っても良いだろう。

さて、この1割という数値はある意味で大変に衝撃的だ。日本人のうち血液型がAB型の割合が約9％なので、それと大差ない規模感である。率直な個人的印象として、増えつつあるとはいえそこまで多くないだろうと思ったものの、電通調査によると性的マイノリティの約6割は周囲にカミングアウトしたことがないとのこと。日常生活の中で実感できる以上に、大勢の性的マイノリティが実際には暮らしているわけだ。

しかも、性的マイノリティのボリュームは確実に増加中だと推察できる。個々の調査設計に違いがあるので厳密な時系列比較は無理にせよ、過去の類似調査を振り返ると2006年にパジェンダ（現在は解散）が実施した調査における性的マイノリティの比率は4・0％、2012年の電通調査では5・2％、そして2015年の電通調査[※4]では7・6％と年を追うごとに性的マイノリティが増え続けていることが窺われる。

いやらしい見方だが、日本を代表する大手広告代理店二社がこぞって性的マイノリティ調査をした背景には、それなりのビジネスチャンスをそこに見出しているからだろう。事実、電通関係者のインタビュー記事の中でも、「企業向け研修や講演、具体的な施策やアイデアなどのソリューションの提供に対して、自治体や様々な企業から問い合わせが急増している」という発言がある。[※5]有体に言えば、広告宣伝を含む広範なマーケティング領域全般で有望ターゲットもしくは新しい消費者セグメントとして、性的マイノリティに大いに期待していることは間違いなかろう。

しかし、企業側が期待すればするほど「商売の食い物にされている」という感覚が当人に生まれて、ソッポを向かれたりするものだ。たとえば、シニア向けと銘打った商品がシニア消費者から見向きもされないように。新しい消費者セグメントとして期待されても、性的マイノリティの当人からすれば決して愉快ではなかろう。

したがって、拙速なアプローチは避けたいところだが、やはりそれでも展望の開けない国内市場に「急浮上」で「1割弱」ものボリュームサイズがあり、しかも「増加中」の注目有望ターゲットとして、性的マイノリティに熱い視線が注がれつつあるのも至極当然だと思われる。

ちなみに海外の状況も見ると、米国のLGBT比率は3・5%だとされている（ギャラップ社2012年調べ[※6]）。また、英国では、同性愛者比率が4%（YouGov社2015年調べ[※7]）というデータが発表されている。しかも、若い世代ほど性的マイノリティに寛容で、仮に自分自身が同性愛者であったとしてもそういう自分を肯定できると答える割合が多いという。一見すると、前述の日本における性的マイノリティ比率と比較して英米の比率は随分と少ないように見えるかもしれないが、それは調査対象者の範囲や定義が大きく異なっているからだ。詳しくは後述するが、電通・博報堂系の調査によると日本国内の同性愛者もしくはＬＧＢＴの人口は性的マイノリティの約半分である。この割合を当てはめると米英でもやはり全体の１割程度が性的マイノリティとなり、日本とほぼ同様の結果になる。

以上のことを踏まえれば、多くの先進国ではＬＧＢＴに代表される性的マイノリティがすでに１割程度（あるいはもっと）存在し、しかも経年とともにその比率がさらに上昇していくことは鉄板のトレンドとみなしてよいだろう。そうなると近い将来にはもはやマイノリティと呼ぶこと自体に違和感を覚えるようになって、「性的マイノリティ」という言葉自体が死語になることも十分に考えられる。「世の中にはいろいろな性的指向や性的アイデンティティが存在する」という意味で「性的ダイバーシティ」という呼称に置き換わっていくかもしれない。

性的マイノリティとはどういう人か？

２０１５年電通調査の設計を詳しく見ると、人間のセクシュアリティを「生まれた時の身体で分類する〝身体の性〟」「自分は男だ・女だという性自認で分類する〝心の性〟」「恋愛対象の相手で分類する〝好きになる性〟」の三要素の組み合わせにより、（図表１―①）のように整理している。この設計には電通社内の実際の性的マイノリティや支援者が主体的に関与したということだが、性的マイノリティをタイプ別に整理する基準のデファクトスタンダードだと２０１７年時点で考えて良いだろう。

ちなみにこの整理によれば、たとえば「身体の性：男」であっても、「心の性：女」で「好きになる性：女」であればレズビアンということになる。つまり、「身体の性」と「心の性」が不一致の場合は、性別の判断は体ではなく心の性で判断してほしいし、そうすべきであるというのが性的マイノリティの基本的な考えなのだ。ただし、「人は見た目が９割」などと言われることも考えると、それはそれで難しい問題を孕んでいると思われるが、性別認識はアイデンティティの基本項目である。そこの部分で無用な摩擦を起こさないように、ビジネスパーソンは注意深くありたいものだ。なお、蛇足的に補足すると、ここでの「ストレート」とは一般的に「ノーマル（普通）」や「ノンケ」といわれる人で、自分の「身体と心の性」になんら疑問を持たずに、当たり前のこととして異性を好きになる性的マジョリティを意味する。

この「ストレート」という言葉・概念はまだ一般的には定着していないかもしれないが、ダイバーシティの理念のもとで性的マイノリティの生き方や人権を尊ぶ意味において、本書ではノーマルや普通、一般、マジョリティなどの言葉をできるだけ排して、基本的に「ストレート」という呼称で一本化したい。

さて、電通調査・博報堂系調査によると、性的マイノリティやＬＧＢＴ、ストレート層の出現率は（図表１―②）のようになる。発表数値に最大１％程度の差異があるものの、大局的に見れば同じ傾向だとみなせることから、両者の平均値が実態をほぼ反映していると言ってよかろう。

図表１―①：性的マイノリティの整理基準

宣伝媒体	体の性	心の性	好きになる性
レズビアン（Lesbian）	女	女	女だけ
	男	女	女だけ
ゲイ（Gay）	男	男	男だけ
	女	男	男だけ
バイセクシュアル（Bisexual）	男	男	男女とも
	男	女	男女とも
	女	男	男女とも
	女	女	男女とも
トランスジェンダー（Transgender）	男	女	不問
	女	男	不問
ストレート（Straight）	男	男	女だけ
	女	女	男だけ

出典：電通「ＬＧＢＴ調査2015」プレスリリースを元に作成

また、両調査とも、ストレート以外の全員を性的マイノリティと定義している。まるで竹をスパンと割ったようにシンプルなこの割り切り方に対して個人的には違和感を覚えないわけではないが、分析はしょせん分析。とかくナーバスになりやすいこの手の調査においては、これくらいのシンプルな発想がちょうど良いのかもしれないとも思う。

調査結果によれば、厳密な意味でＬＧＢＴに該当する人は５％弱となり、残りはＬＧＢＴ以外の性的マイノリティに分類される。世間では性的マイノリティとＬＧＢＴをよく同一視しがちだが、実際にはＬＧＢＴではない性的マイノリティも多数存在しており、「性的マイノリティ＝ＬＧＢＴ」の単純な図式は新たな誤解や偏見の温床となりえることに注意したい。

しかも、マスメディアなどでの実際の取り上げられ方を見ても、性的マイノリティとＬＧＢＴを混同しているケースが少なくないようだ。視聴者や読者の理解レベルに合わせて判りやすいコンテンツを目指した結果であって特段の悪意はないと思うが、性的マイノリティの人権を尊重するのであれば用語や呼称の使い方にはできるだけ慎重でいたいものだ。

図表１－②：各種セクシュアリティの出現率

		電通調査	博報堂系調査	平均値
性的マイノリティ	レズビアン	0.5%	1.7%	1.1%
	ゲイ	0.9%	1.9%	1.4%
	バイセクシュアル	1.7%	1.7%	1.7%
	トランスジェンダー	0.7%	0.5%	0.6%
	その他	3.8%	2.1%	3.0%
ストレート		92.4%	92.0%	92.2%

出典：電通調査は『【ＬＧＢＴ】性的マイノリティーは全体の7.6%　電通調査、3年前より増えた理由は？』(吉野太一郎著、Huffington post 2015年4月23日)、博報堂系調査は博報堂DYホールディングス／ＬＧＢＴ総合研究所のプレスリリース（2016年6月1日)、平均値は筆者計算

しかし、それにしても、ストレートの人々にとって「ごく普通の当たり前」を、性的マイノリティの人々は当たり前として受け止められずに生きてきたことになる。気づき始めのころは、自分を欠陥のように感じて落ち込んだかもしれない。彼ら・彼女らの心の葛藤はいかに深く苦しいものであっただろう、と心が痛む。マジョリティではないことも「これはこれでまた良し、愉し」と笑って言えるように、人の生き方や有り様の幅をどんどん広げていく、あるいは曖昧になっていくことが、ダイバーシティ社会の本質かもしれない。

モヤモヤセクシュアリティという存在

さて、表中の「その他」に注目してみたい。このセグメントには、「男女どちらとも決めたくない」（Xジェンダー）、「心の性や性的指向が明確にわからない」（クエスチョン）、「誰にも恋愛感情を持てない」（無性愛者、アセクシュアル）など、実に様々な性的マイノリティの人々が含まれていると推察される。

つまり、「LGBTではないが、ストレートであるとも明確に言い切れないモヤモヤとした性的感情を持っている」という人が少なからず存在しているわけだが、個人的にはむしろそのことに非常に興味を持つ。このような既存概念に当てはまらない性的マイノリティの人たちはまるで生態学の新種発見のようにこれからも増え続けていくのだろうが、ここではそのような人々を総じて「モヤモヤセクシュアリティ層」と名付けてみたい。そして、賭けてもいいが今後、最も急速に増えていくのはこのモヤモヤセクシュアリティ層だと思われる。純粋なLGBTの増加ペースを上回って、急増していくことだろう。

図表１－③：シニフィエとシニフィアン

シニフィエ	シニフィアン
	日本語：木 英語：TREE 仏語：ARBRE

出典：著者作成

ちょっと脱線するが、スイスの言語学者であるフェルディナン・ド・ソシュール（Ferdinand de Saussure、１８５７〜１９１３）はかつてシニフィアン（表現・言葉）とシニフィエ（指し示す内容・概念）の関係を図のように整理し、記号は両者が表裏一体となって成り立つと説いた。[※8]

簡単に説明すれば、存在するモノ・コトにはそれを指し示す言葉が必ず対応している、ということ。これを逆説的に言えば、あるモノ・コトがすでに存在していたとしても、それを明示する表現や言葉がまだなかったりよく知られていなかったりする場合には、社会や意識の中のその存在感は実際よりもずっと小さくなる、ということでもある。

これはモヤモヤセクシュアリティ層もその例外ではないと思われる。自分はストレートではない気がするが、そんな自分をズバッと表現する言葉がまだないので、漠然としたモヤモヤ感を抱えたままセクシュアリティ的に宙ぶらりんになっている人たちではなかろうか。さらに言えば、調査では自分をストレートだと回答していた人の中にも、隠れモヤモヤセクシュアリティ層がかなり含まれていてもなんの不思議もない。そのような層は、自分の気持ちに当てはまる新語が社会に登場した途端に、「な〜んだぁ、私も性的マイノリティの一人なんだ。やっぱりそうだったんだ！」と自覚するようになるかもしれない。

たとえば、ブラジャーを好んで着用する男性を「ブラ男」というらしい。Wikipediaでは次のように紹介されている（２０１６年5月時点）。

ブラジャーをする男性を指してブラ男と呼ぶことがある。本来的には男性にはブラジャーは必要ないが、近年着用する男性が増えている。トランスジェンダー男性のほかにも、下記のような理由で男性がブラジャーを着用するケースが考えられる。

●女装家（男性の服装に違和があり、女性の下着を着けたい男性。クロスドレッサー、トランスベスタイトともいう）

●フェティシズム（性的嗜好としてブラジャーの触った感触や着けた感触、デザインの違いを楽しむ人）

（後略）

当然のことだが乳房のない男性が女性用ブラを着用するのは無理があるため、ブラ男専用にデザインされた「メンズブラ」なる商品も登場しているという（興味のある方は、アマゾンなどのECサイトでメンズブラと検索していただきたい）。もちろん、ブラ男はLGBTとはまったく異なる。しかも先ほどの性的マイノリティ分類法に則れば単なる変わった服装の趣味として、「体：男」「心：（多分）男」「相手：（多分）女」のストレート男性に分類される公算が強いが、それも個人的には腑に落ちない。ストレートとは異なるなんらかのセクシュアリティの持ち主なのではないだろうか。これはやはり、「モヤモヤセクシュアリティ層」に属すると考えるのが妥当なように思われる。

また、前記のシニフィアンとシニフィエで説明したように、ブラ男という呼称が社会に定着することで、「僕のセクシュアリティってそう言うんだ」「僕と同じような人が世の中には結構いるんだ」と安堵するであろうことは想像に難くない。

ちなみに、男性用ブリーフやトランクスを好んで穿く女性もいるようで、彼女らを「ブリーフ女子」「トランクス女子」などと呼ぶこともあるが、「自宅で下着だけでいられるから楽」「チラッと見えても良い〝見せパン〟にちょうどいい」「冷え対策になる」など実用的な理由が語られているだけで、セクシュアリティ的な文脈がまったく出てこないのがブラ男とは大いに異なる。外見だけなら、ブラ男もブリーフ女子も変わったセクシュアリティとして同じ土俵で扱われてもおかしくないようにも思えるのだが、そうはならないところが、セクシュアリティを語る際の微妙な機微なのかもしれない。

さて、かつては新しい表現や言葉をつくり広げるのはマスメディアに限られていたが、SNSの普及により一般人でも十分に可能になった現代において、新しいタイプの性的マイノリティを指す新語の登場・普及速度も格段に早くなっていることだろう。今後、LGBT以外の多様な性的マイノリティやモヤモヤセクシュアリティ層が急増していくと予想したのは、そういう社会の変化を踏まえてのことだ。

新語でラベルやレッテルをやたら貼ることは一般的に決してほめられることではないが、性的マイノリティの領域に限っていえば、「真の自分を理解する」「同じセクシュアリティの仲間を見つけやすくなる」という意味で福音となる可能性も大いにあろう。多様な性的マイノリティが増えていけば、そのうちにLGBTという呼称や概念すら徐々に古めかしいものになっていくかもしれないと思う。

そして、その萌芽をフェイスブックに見ることができる。フェイスブックの性別登録シ

図表１－④：facebookの性別選択画面

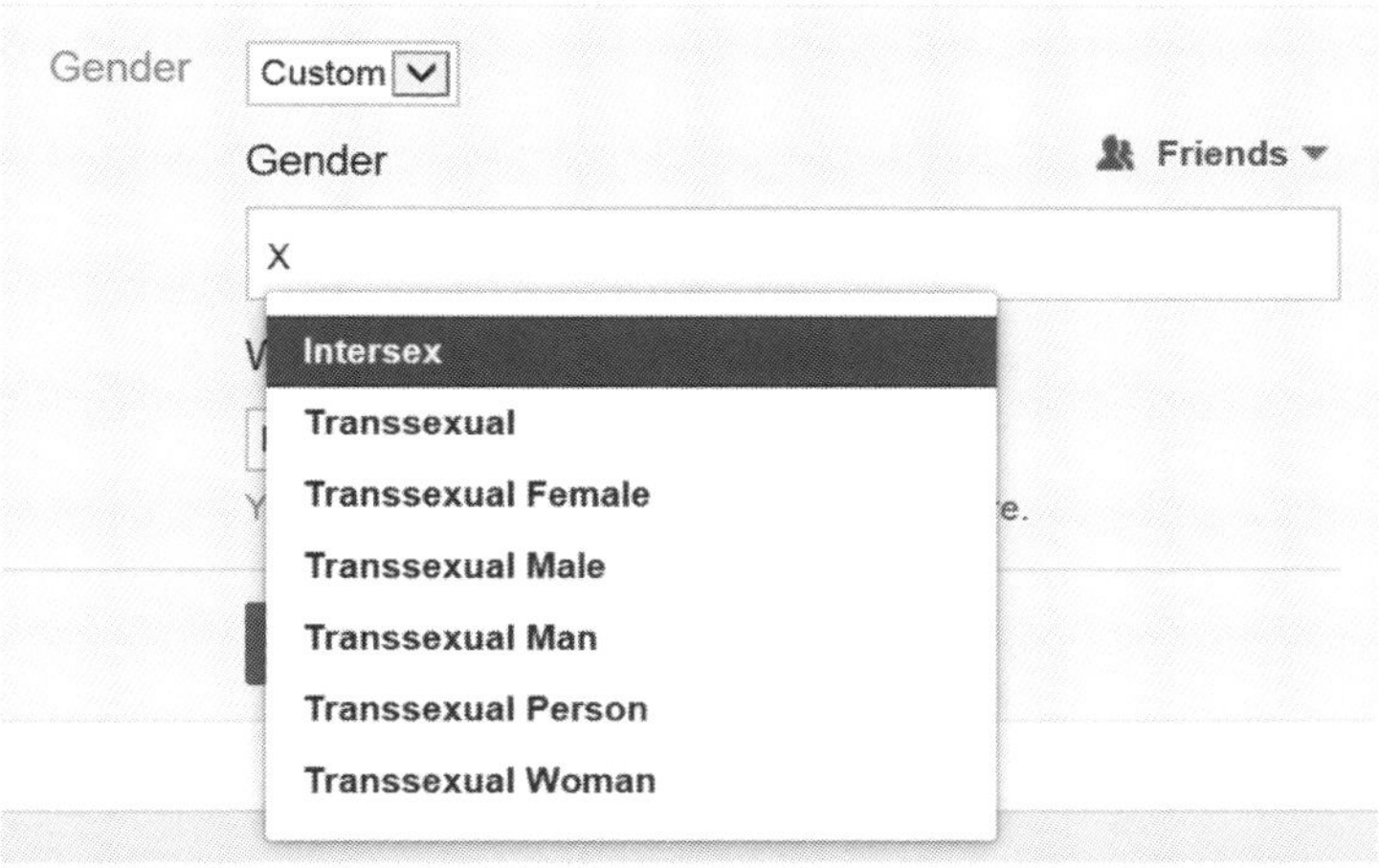

出典:facebookの性別登録画面から。
”X”を入力すると、Intersexなど7種の性別呼称候補が表示される。

ステムは、従来の「男性・女性」の二者択一方式から「男性・女性・カスタム」の三択方式に変更され、さらにカスタムを選択した場合は予め用意されている五十種類以上の性別呼称の中から選ぶことができる。ただし、世界中の全言語がこのシステムに対応しているわけではないようだ。日本語版は２０１６年7月時点では残念ながら相変わらず「男性・女性」のままで、どうしても男女以外を選びたいという場合は英語に切り替えて新しい性別呼称を選んだあとで、日本語に戻せば英語表記のままだがちゃんと反映されるという状態だったが、同年12月には日本語版でも対応している。

なお、英語対応に比べて日本語対応が遅れた理由の一つには、おそらくは日本語訳が存在しない性別呼称が多数存在していることがあるのだろう。まさに言葉と実態が表裏一体だとするシニフィアン・シニフィエ関係を地で行っているわけだ。ちなみに今回、言語選択を操作した際に初めて気が付いたのだが、フェイスブックには「日本語（関西）」という選択肢があり、それを選ぶとたとえば「今なにしている?」が「なにしてるん?」に、また「はい・いいえ」が「せやな・あかん」に置き換わる。ダイバーシティを重視する同社の姿勢が垣間見えたようで興味深い。

ダイバーシティ社会においては、「過去の常識や枠では定義できない新しい存在」が次々と登場してきてもなんの不思議もない。むしろ、そのような新しい存在が好意的に容認され、既存の常識や枠そのものが次第に曖昧化していく動的ダイナミクスを内在してこそのダイバーシティ社会だ、と考えることもできよう。しかし、フェイスブックの性別呼称における英語対応と日本語対応の格差からもわかるように、新しい存在が定着するうえで「それを指し示す言葉（訳語も含めて）」の存在も極めて重要なポイントである。ダイバーシティ社会の推進にあたっては、新語を創造し社会に広めていくという意味で、マーケティングや広告宣伝のノウハウも大いに有益だと思われる。

なお、「口にするのも憚《はばか》られる」という言い方があるように、タブー視していては新語も生まれにくかろう。その意味で、セクシュアリティをタブー化して、見ないふりをするのもやめたほうがいい。むしろ、人生を楽しむ素養としてセクシュアリティをもっと肯定してもよいのではなかろうか。次章で示すように、古来の人びとはもっとセクシュアリティに寛容で、イキイキと暮らしていたのだから。

※1
トランスジェンダーは「性同一性障がい者」と和訳されることが多いが、厳密には「性同一性障がい」は医者の診断により認定された症状を指す。トランスジェンダーの中には「病気とは思っていない」「医師に診せていない」という人も少なからず存在しており、その場合は「性的同一障がい」に厳密には当てはまらないことにも留意が必要だ。

※2
「性的マイノリティ／少数者」は英語のSexual Minorityの日本語訳。英語圏でもSexual MinorityとＬＧＢＴは異なる概念だとされてはいるが、類語的に使用される例も多い。

※3
電通調査ではＬＧＢＴを含めた性的マイノリティを「ＬＧＢＴ層」と呼称している。

※4
この調査は筆者が責任者として担当。調査設計の一部は2015年調査にも踏襲されている。

※5
電通報2015．9．7「今、企業がＬＧＢＴに注目する理由とレインボー消費」 http://dentsu-ho.com/articles/3028

※6
http://rainbowgrid.blog.fc２.com/blog-entry-449.htmlを参照。

※7
http://www.huffingtonpost.jp/letibee-life/uk-young-people-gay_b_8002340 .htmlを参照。自分は完全な同性愛者という人の割合。同性愛気質が多少でもあるという比率はなんと28%と報告されている。

※8
この概念はソシュールの発見や着眼というよりも、古代からいろいろな社会で見られた言霊文化の再確認と理解すべきだろう。スタジオジブリの映画作品の中にもしばしば登場している概念だ。

第2章

性的マイノリティ差別の背景と転換点

古来、人は同性愛に寛容だった

現代の常識と比較すると、古代や中世の支配階級や著名人には男色や同性愛が意外なほどに多かったという記述が散見される。たとえば、ギリシャ神話では美少年を二人の神が同時に愛してしまうエピソードなどを含めて、同性愛はタブーではなく、恋愛の一般的なスタイルとして当然視されていた。また、ローマ時代においては、カエサルをはじめとして少なからぬ英雄が、不遇の幼少期に男娼として支配階層と同性愛の肉体関係を持ったという評伝が多数残っている。

古来の日本も同様に同性愛に寛容だったと考えられている。たとえば、『エロティック日本史』(下川耿史著、幻冬舎新書)には次のような記述があり、日本社会で同性愛が長らく公認されてきたことがわかる。

●白河天皇(1073―1087年)の場合、「両刀使い」としても知られ、近臣として権勢を誇った藤原宗通や藤原盛重、平為俊はいずれも男色関係における愛人であった。中でも藤原盛重、平は白河天皇が法皇になってから創設した北面武士（上皇の身辺を警護、あるいは御幸に供奉した武士のこと）で、それが男色のために創られた部署であることは明らかであった。

●鳥羽僧正覚猷作といわれる「陽物くらべ」が1100年から1125年頃に制作された。（中略）多くの男性がペニスの大きさを自慢し合っている「陽物くらべ」は絵の確かさといい、ユーモラスな感覚といい、傑作と呼ぶに値する作品である。しかし春画というには女性の影がまったく感じられない点からして、宗教者の同性への思いを表したもののように思われる。

●「男色の戯れは弘法以来のことなり」といったのは江戸時代の儒学者の貝原益軒である。当時の川柳にも「弘法は裏、親鸞は表」という句がある。裏とは男色のことで、弘法とは真言宗の開祖である空海を指している。

●江戸・元禄時代（1688―1704年）の初め頃、幕府の中で『土芥寇讎記』という史料が作成された。（中略）男色の藩主も少なくなかったが、その数は37人。同書では「美童を愛す」「美小人を愛す」と記されており、いずれも少年愛だったことがわかる。

その他にも江戸時代の張り形（男性器の実寸大模型、ディルド）の有名店の製品案内に「互形：両頭なり。女二人してたのしむ具」と掲示されていたらしいが、このことからも大奥などを中心にレズビアンも少なからず存在したのであろう。

また同書を通じて、かつての日本人はセックスにとても大らかだったと感心する。たとえば江戸時代には多くの男女混浴の銭湯が存在したが、中は真っ暗でその場の勢いで性交に至る事件も珍しくなかったという。まさに、江戸時代のハプニングバーと呼べそうだ。そしてこのような性に対する大らかさを背景に、性的マイノリティを差別することもなかったようだ。むしろ、武人や高貴な階級における高尚な嗜みとして同性愛などを積極的に肯定し、クオリティ・オブ・ライフを高めていた印象すらする。

現代ほど娯楽がなかった過去の時代においては、「セックスが最高の娯楽的刺激」だったとしてもなんの不思議もない。娯楽的刺激である以上、いつも同じでは飽きてつまらなくなるのは当たり前のこと。生活に余裕があるのなら、手をかえ品をかえていろいろなセックスを楽しんで人生を充実させたいと思うのは、近代以前の全人類共通の願いだったのではなかろうか。

それでありながら、古来と比べて性的マイノリティに対する寛容さが社会から徐々になくなってきたように思うが、それはどうしてなのであろうか？　また、いつ頃からなのであろうか？

神が創造した男女一組を人類の起源とする一神教のキリスト教やイスラム教が社会に対する影響力を強めた中世においては、聖書やコーランの記述に基づいて性的マイノリティに対する差別・迫害が一気に強まったと指摘されることが多い。人類創造のエピソードに鑑みて、同性愛を罪扱いするくだりが聖書やコーランの中に存在するからである。事実、中世ヨーロッパでは同性愛は死罪に相当するという法律書が制定されたり、同性愛をモチーフにしたギリシャ・ローマ時代の古典名作文学の多くが焚書により焼失したりという歴史が残っている。

八百万の神を奉ずる日本の場合、元来的にダイバーシティ的感性を持ち合わせており、性的マイノリティも受け入れる素地も備わっていると思うのだが、その日本においても、明治時代以降に近代国家を目指しての脱亜入欧や、富国強兵を標榜し実現していく過程で、性的マイノリティに対する寛容さも徐々に失われていったようだ。性的マイノリティを犯罪者や病人のように捉える社会風潮も明治時代に出てきたと聞く。そして、なにより強く影響したのが、戦後の高度経済成長期における急激な工業化だったと私は考える。

工業の主役である大規模工場では、従業員全員が同じ作業に同じ時間、同じ格好、同じメンタリティやスローガンの下で就労する。まさしく究極のユニバーサル（均一）化が大規模工場で実現したわけだが、それが日本全国に広まっていったのは工業団地が各地で造成された１９６０年前後なのだ。地方では１９６０年代まで夜這いが行われていたという記録が残っているが、工業化の進展と同時期に夜這いが消滅していったというタイミングの一致は、決して偶然とは私には思えない。前述したように、ユニバーサル化が進むほどダイバーシティは許容されにくくなってくる。高度経済成長期に性的マイノリティに対する差別も顕著に強まったと考える所似である。ちなみに世界最大のゲイタウンといわれる新宿二丁目が、そう呼ばれるようになったのもやはり１９６０年代半ばだそうである。そこに、１９８０年代に不治の病としてエイズが知られるようになり、当初は感染率の高さからゲイ特有の病気と決めつけられたことも、差別を一層助長したと考えられる。まさに20世紀後半は、日本の性的マイノリティにとって歴史上、最も生きづらかった時代といえるかもしれない。

なお、高度成長時代にユニバーサル化が一気に進んだ形跡は、マーケティング史にも見ることができそうだ。急速な工業化を背景に日本国民は総中流化して大衆という呼称で一括りされ、ユニバーサル化と軌を一にするように、マス・マーケティングが台頭してきた。しかし、やがて脱大衆化などのスローガンとともに、中規模なセグメント重視のマーケティングに質的に変化。さらに２０００年代に入り、インターネットの普及を背景に、より規模の小さい生活者集団に分断されて、それらが共存する様子は「島宇宙」などとも称されるようになった。さらに時代が進むと、ＳＮＳがコミュニケーションの主舞台となり、個と個が緩やかに、かつダイレクトに繋がり始めた。好む好まざるにかかわらず、現代人はダイバーシティ社会へ不可逆的に進んでいるように感じられる。最新のマーケティングを「マーケティング３・０」とか、最近では「マーケティング４・０」などと呼ぶこともあるが、その本質を理解するうえで、ダイバーシティは不可欠な視点だと言えよう。

思考に性差はある？　男性脳・女性脳のハイブリッドという視点

マツコ・デラックス氏に代表されるいわゆるオネエタレントがテレビ番組等で活躍しているが、その背景に彼ら・彼女らの独特の感性や思考力はもとより、秀逸なコミュニケーション能力があることは間違いないだろう。また、ゲイのママさんとのトークが楽しくて、ゲイバーに通うストレート男女も少なくない。ＬＧＢＴは総じて「身体・心・好きな相手」の性の組み合わせがストレート男女よりかなり複雑で、これまでの人生経験を通じて男女両方の気持ちが判ると言う人もいる。だから、男でも女でも相手に合わせる巧みなトークができるのだ、と。しかしその一方で、男女どちらの気持ちも中途半端にしか判らないと言う人もいる。正直、私にはよくわからないし、両説ともそれなりに説得力があるような気がする。ただし、マーケティングの基本は人の心を理解することであり、ＬＧＢＴや性的マイノリティへのマーケティングを考える本書で、「実は彼ら・彼女らの心がわかりませ～ん」ではあまりに情けない。そこで、ここではＬＧＢＴの独特の思考回路や感性があるという前提に立って、その背景を私なりに考えてみたい。

図表２－①：男性脳・女性脳の傾向

女性脳の傾向	男性脳の傾向
・共感能力や集団適応能力が強い ・悩みを共有したり、同意したりしあえる仲間の存在が重要 ・本能的な勘や直感が鋭敏 ・過去の感情の記憶力が強い ・家族・社会・仲間など帰属先の全体的な幸せを重視 ・小さい子供がいる場合、子供の安全や幸せが最優先で、判断基準の源に ▼ 【コミュニケーションの基本方針】 ・共感的・情緒的なコミュニケーションを好むので、物語形式のほうが伝わりやすい ・語りかけるような表現が有効。たとえば、「○○にお困りでは？」など ・家族、仲間の笑顔のシーンが不可欠	・自立を尊び、他者への依存を嫌う ・過度の自己肯定をすることが多い ・一人でコツコツと孤軍奮闘しがち ・自分にとっての利害で判断しやすい ・共感や交流が苦手で孤独に陥りやすく、漠然とした不安感が強い ・自身の関心や目の前の課題の解決に集中しやすい ・体系的に整理することが得意 ▼ 【コミュニケーションの基本方針】 ・情緒的な表現よりも、単刀直入なコミュニケーションを好む。たとえば「Just do it!」や「この機能がすごい」のような表現に反応しやすい ・「夜中に一人で頑張る」等の、缶コーヒーでよく見られるCMが典型例

出典：『マーケターの知らない「95%」』より著者作成

まず、取りつきやすい考え方として、書籍『マーケターの知らない「95％」[※1]』に紹介されている「男性脳」と「女性脳」に着目する。同書によると「男女の脳が具体的な要素にどう反応するか（中略）何千回ものテストを行い、調査結果の90％で否定しようのない性差が表れている（Ｐ１１８）」とある。

たとえば保険の広告の場合、女性は出演者に強く反応する一方で、男性は保険料に強く反応したという。また自動車の場合だと男性は主に性能を気にするが、女性は荷台スペースや安全性能に関心を向けたそうだ。そこで同書が指摘する特徴的な脳の性差を、私なりに整理してみたのが（図表2―①）である。

単純化すれば「男性は単独で外へ狩猟や獲得に出て、女性は家・集落に残り集団の一員として子育てや家事に専念する」という生活スタイルで原始時代から男女は異なる活動に従事してきたために、生活や就労で必要とされる能力に差が生じてきた。そして、その能力が優れた個体ほど子孫を残しやすかったので、長い人類史の中で男女の価値観や考え方に決定的な違いが定着した、とされている。

正直な感想を言うと、ややステレオタイプすぎる論理で多分の誇張を含んでいるようにも感じるが、直感的にとてもわかりやすい。そして実際に、購入者の大半が女性である女性向け商品とその逆の男性向け商品とで広告・CMを比較すると、面白いくらい当てはまる。これは紛れもない事実である。

一例として、マーケティング史上で非常に有名なインスタントコーヒーのCMに関するエピソードを紹介したい。発売当初の広告は、「美味しいのに簡単。時間の節約になる」と主に機能を訴求した。事前のテストマーケティングでは高い評価を得ていたにもかかわらず、実際の売れ行きは芳しいものではなかったのだが、後に心理学者のアドバイスを受けて広告を「家族団らんの朝食風景」のシーンを短く挿入したバージョンに微修正しただけで爆発的に売れ始めたのである。

男性脳・女性脳の違いに注目すれば、その理由は簡単だ。ストレートな機能訴求に反応しやすいのは男性で、インスタントコーヒーの主な購入者である女性に向けては有効性が低い。一方、女性脳に対して家族の笑顔は効果抜群のキーアイコンとして機能したと解釈できる。このように男性脳・女性脳という整理はなかなかに実務的だ。ＬＧＢＴを考えるうえでも、大いにヒントになることだろう。

さて現代は電子メールやSNSが生活や仕事に浸透してコミュニケーションが格段と取りやすくなり、公私問わずにコミュニケーション能力が高い人ほど評価されやすくなっていると思われる。前述の男性脳・女性脳の違いで考えると、共感能力や集団適応能力に優れる女性脳のほうがコミュニケーションを上手に取れるであろうことは明らかだ。

近年、社会で活躍する女性が一昔前に比べて顕著に増えているように感じるが、能力にもともと性差がないという従来からのフェミニズム的な建前論よりもむしろ、コミュニケーション能力の重要性が上がったためにそれに勝る女性が評価されるようになってきたため、というロジックのほうが私には納得感がある。その一方で、社会で活躍する女性の中には精神的不安定に落ち込むケースも増えているとも聞く。女性脳をつくり出してきた、言い換えれば女性脳が心地よいと感じるこれまでの生活環境と、社会進出を果たした現実の生活環境の折り合いが付きにくくなっているのかもしれない。

ステレオタイプな男性らしい男性とは男性脳デッカチなので、口下手で孤独化しやすく、コミュニケーション能力が低い男性をイメージすれば判りやすい。たとえは古いが「男は黙って……」の世界観だ。ということは逆に考えて、コミュニケーション能力の高い男性とは、生来的な男性脳に加えてコミュニケーションが得意な女性脳も併せ持っていると解釈すれば合点がいく。つまり、現代のデキル男のイメージに「男は男らしく」的な男性脳デッカチは似合わない。むしろ、性別は男だが脳は男女のハイブリッドで、「論理派だけど、意外に気配りも上手で誰とでも良好なコミュニケーションがとれる」というような男性脳・女性脳のイイとこ取りが、現代のデキル男の条件なのかもしれない。そして、デキル女の条件も、同じなのではないだろうか。最近では実際にデキル女への誉め言葉として、男性らしさを指す「男前」という言葉が使われることも多くなっている。

同性愛者はハイブリッド脳を持つ？

そこで改めて性的マイノリティ、特に同性愛者を考えると、彼ら・彼女らはまさにハイブリッド脳の持ち主だとは言えないだろうか。同性愛者に社会的成功者が多いイメージを持つ人は多いが、ハイブリッド脳が現代における成功の一つの条件だとすれば、そんなにおかしな話ではなかろう。また、オネエタレントのトークスキルもハイブリッド脳の賜物かもしれない、と妙に納得してしまう。ＬＧＢＴに代表される性的マイノリティに対する偏見が徐々になくなりつつある今、逆に彼ら・彼女らの男性脳・女性脳のハイブリッド性が素直に評価されて、ビジネスの場で活躍する機会がますます増えていくのではなかろうか。オネエタレント人気は一時のブームでは決してなさそうだ。もちろん、社会全体にとってもハイブリッド脳の人たちが増えることはプラスになるはずだ。そのような社会トレンドを受けてなのであろうか、次章で示すように性的マイノリティを肯定的に受け止めようとする兆しは今、社会の随所で見ることができる。

※1
サブタイトルは『消費者の「買いたい!」を作り出す実践脳科学』。著者A.K.プラディープ氏はニューロマーケティングの第一人者。阪急コミュニケーションズから2011年発行。

第3章

市民・政治の両面で進む性的マイノリティ支援の動き

注目され始めた性的マイノリティ・イベント

これまで性的マイノリティが様々な差別やタブーの対象になったりしてきたのは紛れもない事実だし、今でも数的なマジョリティであるストレート男女の中には偏見や嫌悪感を持っている人も少なくないだろう。しかし、オネエタレントがマスメディア等で存在感を示すようになり、さらには独特の感性や思考力が一目置かれたり感心されたり、しかも時に世論に対するご意見番のような役割を果たすことも手伝って、社会を構成するごく一般的な存在として、あるいは良き隣人として接する態度が現代人のマナーとして社会に定着しつつあるように思われる。そして、性的マイノリティに対する様々な理解や共感が徐々に広がるとともに、彼ら・彼女らの人権や尊厳を守ろうとする市民による支援の輪も広がりつつある。その代表的な国内の事例が「東京レインボープライド」だろう。

このイベントは2012年から毎年ゴールデンウィークの時期に開かれており、2016年の参加者数は主催者発表で総計7万5000人（FESTA来場者2万3000人、パレ

写真３－①：２０１６年レインボープライドの様子

出典：著者撮影

ード登録者４５００人、パレード沿道参加＆来場者４万３０００人）で年を追って増加傾向にある。自分自身は性的マイノリティではないが人権問題として支援したいというストレート男女、いわゆるストレート・アライ[※1]も多数参加している。２０１６年の東京レインボープライドには、米国・英国・アイルランドの駐日大使や多数の国会議員等が来賓として参加した。

公式ホームページに主催者の言葉が掲載されているが、ＬＧＢＴを含む性的マイノリティの思い、あるいは心意気がよく表現されているので紹介させていただきたい。

「ＬＧＢＴ」が、ブームだという。
理解が広まることは、いいことだ。
でも、ブームであろうがなかろうが
「ＬＧＢＴ」は、ここにいる。
そもそも、「ＬＧＢＴ」という言葉以前に
当たり前に、生きている。
多様な性的指向や性自認を、生きている。

ブームを超えて、これからも
誇らしく
生きていく。

出典：東京レインボープライドホームページよりhttp://tokyorainbowpride.org/history

なお、レインボーは性的マイノリティにとっての特別なアイコンだといっても過言ではない。いくつもの色が折り重なるレインボーは、多様なセクシュアリティが自然体で併存している様子を表現すると同時に、反戦や平和の象徴という側面もある。なお、一般的にレインボーカラーは7色だが、性的マイノリティのイベント等で使われるレインボーはなぜか6色。ちょっとした変遷があって6色に落ち着いたのであって、特別な意味はないらしいが、本当はどうなのだろうか。※2

色数の違いは枝葉末節なこととさておいて、レインボーには互いの存在を尊重し合うダイバーシティ精神や、平和に暮らしたいという思いが込められているわけだ。こじつけと言われればそうかもしれないが、やはりここでも「共存を目指して平和を願うダイバーシティ」と「統一化を目指して争いを引き起こすユニバーサル」との対立構図が見え隠れしているように思われる。

国内外で進む法制度の整備

一方、政治・行政の分野に目を転じると、そこでも性的マイノリティの人権を守るためのいろいろな制度的な整備が、徐々にではあるが着実に前進している。中でも大きなエポックメイキングになったのが、2003年成立の性同一性障害特例法[※3]、すなわち、医学的見地を元に裁判所が認めれば性同一性障がい者の戸籍上の性別を変更できるという法律の成立だったように思う。

当時はまだ性的マイノリティに対する世間の関心は低く、人権問題を気に掛ける人も少ない状況で、ましてお堅い国会議員たちのほとんどはさらに無関心だったが、一部の熱心な議員の働きかけによってようやく提案・成立にこぎつけた経緯がある。日本人はなんだかんだ言っても今でも「お上意識」が強いが、国会議員や中央官僚が動いた影響力は非常に大きかったのだろう。それ以降、性的マイノリティの人権問題が徐々に議論の俎上に載るように社会の風向きが変化してきたように感じる。

ただしそうは言っても、性同一性障がいは正式な病気なので法的な対応がなされたわけであって、それ以外の性的マイノリティに対しては「それは個人的な性癖の問題だから」と言わんばかりに冷遇されてきた感が強い。同性愛者はもちろんだが、トランスジェンダーであっても医師による性同一障がいの診断がない場合は、人権問題の蚊帳の外に置かれてきた。しかし世論の高まりを受けて、近年になってすべての性的マイノリティに対する認識の変化の兆しがようやく出てきたようだ。

たとえば2015年3月に東京都渋谷区によって同性カップルに対して婚姻相当の関係を認める「同性パートナーシップ条例」が日本で初めてつくられ、これを契機に同様の制度を持とうとする自治体が全国にも広がりつつある。また、2015年4月には文部科学省がトランスジェンダーの児童生徒に対する学校対応として、相談しやすい環境を整えたり、服装やトイレ等の施設利用に配慮したりすることを全国の教育委員会に求めた影響力も極めて大きかったと言えよう。

海外に目を転じると2000年以降に欧米各地で同性婚の合法化が徐々に進んできたが、ついに2015年6月には米国の最高裁で同性婚の権利を全米で保証する画期的な判決が下された。これまで米国では同性婚に対する州ごとの温度差が大きく、隣り合う州で合法かどうかが真っ向から食い違うケースもあったが、この最高裁判決以降はそれまで反対していた州でも一律的に合法化されることとなった。同性愛に関する歴史的な転換点と言えよう。また、2017年からニューヨーク市では、共有スペースのない単独のトイレはすべて「ジェンダーニュートラル（性別不問）」として、男女別の表示を禁止する条例が施行され、レストランなども含めて公共施設のトイレマナーが大きく変わろうとしている。ほかにもロンドン市やウィーン市などでは、性的マイノリティをモチーフにした信号機が設置された事例もある。※4

これらの事例が示すように、性的マイノリティの人権問題に真剣に取り組もうとする社会風潮が定着すると同時に、性的マイノリティの人権を守ろうとする政治・行政的な機運が高まる中で、法制度や公共インフラも着実に変わりつつある。

権利問題をトイレから考える

これまで概観してきたように、現代社会において性的マイノリティへの理解や共感は、ゆっくりかも知れないが着実に、そして数々の局面で同時並行的に進んでいる。しかしその一方では、この社会潮流に違和感を覚える性的マジョリティ、すなわちストレート男女も決して少なくない。違和感というより、国民的議論もないままに社会の空気や法制度が変わっていくことへの不安感もしくは不快感、疎外感というほうが近いかもしれない。卑近な事例としてはトランスジェンダーのトイレ問題がある。

前述のニューヨーク市の施策が前例となって、共有スペースのない単独の公共トイレをジェンダーニュートラルにする動きは全世界で着実に広がっていくことだろう。しかし現実のほとんどの公共トイレには洗面などなんらかの共有スペースが備わっているために、「基本的に公共トイレは男女別」という状況はこれからもずっと続いていくに違いない。従って、トランスジェンダーのトイレ利用に関して「身体の性」に応じるべきか、「心の性」に応じるべきかという問題も、相変わらず存在し続けると考えられる。

前述したように、性的マイノリティ当人にとって一番しっくりくる性とは「心の性」である。従ってトランスジェンダーとしては、「心の性」に応じたトイレを利用したい。しかし社会のマジョリティであるストレート男女から見れば、「ドキッ、あの人はトイレを間違えている」もしくは「キャー、痴漢！」と不快に感じることになるであろうことは容易に想像がつく。

この問題を突き詰めれば、トランスジェンダーには「心の性」に応じたトイレを使用する権利が有るかどうか、ということである。ちなみに２０１６年時点の米国では、出生証明書に記された「身体の性」に従って公共トイレを使うよう義務づけたノースカロライナ州法「ＨＢ２」（通称・トイレ法、２０１６年3月成立）の是非をめぐる論戦がホットだ。同法に反対するオバマ政権は全国の公立学校区に対して本人の希望に添ったトイレ利用を認めるように通達を出したが、これに反発するテキサスやアラバマなど11州が政府を提訴するなど泥仕合の様相を呈している。たかがトイレ、されどトイレ。性的マイノリティの人権を考える格好のケースだと言えよう。

ここで改めて考えるべき根本的な問題は、性的マイノリティの人権はどこまで重視されるべきなのかどうかという社会的コンセンサスに関わる問いかけだ。いや、この問題は性的マイノリティだけではなく、ダイバーシティを語るうえで避けることのできないあらゆるマイノリティの権利問題に通底する、と言っても決して大袈裟ではあるまい。もちろんマイノリティであろうがなかろうが、すべての人の人権は尊重されるべきである。しかし、実際に人権を守るための法制度を含めた社会システムは、民主主義国家である以上、基本的に多数決による決議を以て制定されなければならない。衆愚やポピュリズムがしばしば起きるので、多数決の結果が常に正しいというつもりは毛頭ないが、それでも民主主義を守る大切な決定プロセスとして多数決は最大限尊重されるべきだと思う。もちろん、実際には立法府の代議士の多数決で法制化されるため国民の過半数を必ず保証するわけではないが、選挙を経る以上、国民の意見と大きく乖離するとは考えにくい。

つまり有体に言えば、マイノリティの人権は理念的に極力守られるべきだが、具体的にどういう風に、またどこまで守られるかは多数決に従ってマジョリティが決めるのである。そのため、マイノリティの権利を主張するのが当のマイノリティ本人たちだけならば、多数決によって当該権利は否定されることになるし、あえて民主主義の原理を曲げて確立されるべきではない。つまり、社会的に無視されても致し方ないと私は考える。

では、性的マイノリティの権利が市民権を得るのはどんなときであろうか？

それは当該権利の正統性が、ストレート・アライなどのマイノリティ当事者以外にも浸透して、最終的にマジョリティの過半数も支持する状況になったときだ。そこで、改めて前述のトランスジェンダーのトイレ問題を考えると、トランスジェンダーが「心の性」に従ってトイレを使う権利は、実はストレート女性の過半数が承認してはじめて実現する。だから、ストレート女性における理解や共感が浸透するプロセスを抜きにして、このトイレ問題は解決しようがない。トランスジェンダー自身がどんなに大きな声で主張しようが、マジョリティの支持を得ない限り権利としては確立されないし、むしろ身勝手な主張と取られて嫌悪される危険すらある。権利の中身や主張行為が正しくても、その権利が社会制度として確立するかどうかはまったくの別物なのだ。民主主義を無視した自己中心的な権利主張や押し付けは、やがてブーメランのように自らを傷つけかねないため、戦略的な意味で避けるべきと考える。

似たようなことは、カミングアウトにも当てはまるかもしれない。「本当の自分を理解してもらいたい」とカミングアウトする当人はスッキリできても、告げられた人の中には戸惑ったり、不快に思ったりする人がゼロではないだろう。しかも、一人にカミングアウトすれば、やがて自分の知り合い全員が知ることとなる。今の時代、カミングアウトした後に周囲から露骨な差別や拒絶、侮蔑を受けることはほぼないとしても、好奇の視線を向けられることで傷ついたり、対人恐怖に襲われたりするケースも多いと聞く。そう考えて、あえてカミングアウトしない選択をする性的マイノリティも大勢存在する。

本人にとってカミングアウトすることのメリットよりもデメリットが上回っていると感じる場合はカミングアウトしないことが合理的だし、性的マイノリティに対する差別や不快感がまだ根強く社会に存在する中で、現実的なデメリットは相当程度あることは誰にでも想像がつく。そのような状況の中で、勢いでカミングアウトすることを避けるように勧めるＬＧＢＴ系ＮＰＯも少なくない。カミングアウトに関するチェック項目リストを策定したうえで、そのリストを使って熟考を促すようにカウンセリングするＮＰＯもあるとも聞く。

カミングアウトの是非はあくまで本人が決める問題だが、ダイバーシティを尊重する観点からは、カミングアウトしやすい社会のほうがベターであることは明白だ。そのような社会の実現のために、ストレート男女の性的マイノリティに対する理解・共感はもとより、カミングアウトした後に享受できるメリットを実感できる制度的整備の役割も極めて重要だろう。ただし繰り返すが、法制度化はマジョリティ、すなわちストレート層の賛意があって初めて可能になる。性的マイノリティの人権問題を考えるうえで、対マジョリティのコミュニケーション戦略こそが実は問われているのではあるまいか。次章ではこのことを念頭に置きながら、「ＬＧＢＴマーケティング」について検討していきたい。

※1
自身はストレートだが、ＬＧＢＴを理解・支援する人を「ストレート・アライ」もしくは単に「アライ」と称することが多い。アライ（Ally）は同盟、盟友、連携の意味。

※2
「神が地上の平和を約束する証として虹をかけた」という旧約聖書のエピソードが起源。当初は意味を持たせた８色だったが製造コストの関係で７色に変更され、さらにはパレードの際に左右に分けやすくするために６色に落ち着いたという説明をよく見るが、真偽のほどは不明。

※3
正式名称は「性同一性障害者の性別の取扱いの特例に関する法律」。

※4
ロンドン市の場合は、性的マイノリティのイベント「ロンドンプライド」の期間限定。

第4章

LGBTマーケティング①
LGBT当人を顧客に想定するケース

本書冒頭に記したように、マーケティングとは「つくった商品をどう売るか」を考えることではない。ドラッカーが説くように、「顧客は誰か」「どんな満足を求めているか」を考え、「売れる商品をつくる」ことがマーケティングの本質である。なお、本来であれば「性的マイノリティ・マーケティング」と表現すべきかもしれないのだが、性的マイノリティは非常に広い定義であるがゆえに、これではマーケティングの起点である顧客像が見えにくくなっていささか調子が悪い。また、近頃では「ＬＧＢＴマーケティング」という言葉も散見するようになってきた。そこで本章では、「ＬＧＢＴマーケティング」という呼称をあえて使うこととしたい。

さて、この場合の「ＬＧＢＴ」には、①消費者・顧客としてのＬＧＢＴ当人、②ＬＧＢＴ視点の社会運動論、の二つの意味があると思われるが、ちゃんと整理されないままに一緒くたに語られているきらいがある。そこで、まずは「ＬＧＢＴ当人を消費者・顧客と想定するＬＧＢＴマーケティング」を考えてみよう。

「同性愛者＝高学歴・高所得」説は本当か？

少子高齢化と人口減が同時に進行して明るい将来が想像できない国内市場において、性的マイノリティは消費セグメントの切り口としてとても新鮮だ。しかもすでに人口の約1割にも達していて、これからも増加し続けることがほぼ確実な有望ターゲットとあっては、企業が熱い視線を送るのも至極当然と思われる。加えて、しばしば囁かれる「同性愛者に高学歴・高所得の人が多い」という同性愛者富裕説が一層、企業の熱気に拍車をかけている。

しかし、この富裕説は果たして本当なのであろうか？ 信用できる根拠はあるのだろうか？ LGBTマーケティングを考察するにあたり、まずはこの同性愛者富裕説の真偽から解きほぐしていきたい。

調べてみると、どうやら2013年に実施された米国版の国勢調査が、同性愛者富裕説の最大の拠り所だと思われる。実際に、根拠として言及している記事等の記述も多い。同調査によると、同性婚世帯の平均年収が異性婚世帯の約2倍にも達していたとのことだ。たしかに判りやすい結果だが、統計分析では一見すると相関があるように見えて、実は無関係だったなんてこともしばしば起きる。たとえば、「AとBとに相関あり」と「AとCとに相関あり」がそれぞれ正しい場合、本来的にはBとCはまったくの無関係だとしても、データ的にはBとCの間に相関性があるように見える。また極端な例としては、「風が吹けば桶屋が儲かる」のように、小さい相関を繋げていくとまったく関係ない相関性が人工的に、というか面白おかしく出来上がってしまうこともありえる。

これを、先にあげた米国版国勢調査の例で見てみよう。「富裕層は大都市に暮らす比率が高い」と「同性愛者は大都市に暮らす比率が高い」がいずれも正しいとすれば、富裕層と同性愛者の間にも相関があるように見えるはずだ。しかし、それは統計上そう見えているだけであって、正しい因果関係を反映したものではないという批判も成り立つ。つまり、前記の「同性婚世帯の平均年収は異性婚世帯の約2倍」がデータとして正しいとしても、同性愛者富裕説の決定的証拠とは言い難いのである。それにそもそも同性愛者に対する差別がまだ残っているため、自分の立場を偽って調査に応じている人も相当数いるはずで、ならば調査結果そのものの信憑性が疑わしいとも言えよう。

また別の同性愛者富裕説の根拠として、「お金持ちそうな同性愛者が社会的に目立っているから」というものもある。たとえば、アップル社CEO（最高経営責任者）のティム・クック氏（2017年3月時点）が全米主要500社のトップで初めて同性愛者であることをカミングアウトし、衝撃をもって受け止められたことはまだ記憶に新しい。また、バイセクシュアルだと公表している歌手のレディ・ガガ氏をはじめとして、同性愛者であることを公言している著名な芸能人やスポーツ選手、IT系や美容系のカリスマ経営者なども少なくないが、その印象があまりに強いことも同性愛者富裕説の背景にあるのではなかろうか。

しかし一方では、同性愛者富裕説を否定する調査もいくつか存在している。たとえば、カナダのマギル大学（McGill University）が同国の2006年センサスを分析したところ、平均収入額は「ストレート男性＞ゲイ男性＞レズビアン女性＞ストレート女性」の順だったと報告されている。ほかにも、それとまったく同じ結論の調査結果がオーストラリアでも発表されている。[※1]

入手したのは紹介記事だけで、オリジナルの調査レポートを見つけられなかったために具体的な金額が判然としないのだが、次のような推論は成り立つように思う。

ストレート夫婦の収入＝ストレート男性の収入（第1位）＋ストレート女性の収入（第4位）
ゲイカップルの収入＝ゲイ男性の収入（第2位）×2
レズビアンカップルの収入＝レズビアン女性の収入（第3位）×2

さらに、ストレート女性の収入が最下位である背景に出産育児期の収入減少という特殊要因が大きいとすると、微妙な差異はあるものの実質的には

ストレート男性の収入≒ゲイ男性の収入≒レズビアン女性の収入 と見なせよう。

以上の仮定が正しければ、夫婦・カップル単位の収入は次のように推察される。

ゲイカップル＞レズビアンカップル＞ストレート夫婦

あくまで仮説の範疇を超えないものの、この仮説を前提にすればたしかに同性愛者カップルのほうがストレート夫婦よりも収入が多いと考えられる。しかしそれは前者が出産育児のための休職期間がほぼゼロであるために機会損失も少ないだけの話であって、それを富裕と呼ぶのは個人的にはおかしな気がする。しかも、そもそも個人レベルではゲイよりもストレート男性のほうが高収入なのだ。

こうしたことから考えると、よく『有望市場LGBTを狙え』的な記事が雑誌やネットに散見されるものの、同性愛者富裕説の根拠ははなはだ曖昧で、正しいのかもしれないし、間違っているかもしれない程度の信憑性しかないのではなかろうか。まさに、マーケティング業界の都市伝説の感がある。

「性的マイノリティの6兆円消費力」の考察

さて、前述の電通「LGBT調査2015」では性的マイノリティの消費市場規模を5・9兆円と推計している。この5・9兆円の市場規模とは、百貨店・デパートや広告産業とほぼ同じで、ビール市場を大きく上回るというスケール感だ。ハッキリ言って、かなりの規模である。さらに、性的マイノリティの品目別消費状況をみると、家電・AV機器、家具・インテリア、化粧品、カルチャー活動などでストレート層より消費が活発だという。[※2] 博報堂系調査でも、国内外の旅行、ペット関連、芸術鑑賞、食費などを中心に性的マイノリティの消費額がストレート層を大きく上回っていると報告されている。[※3]

そのほかの国内外の同種調査においても、性的マイノリティの消費性向（所得のうちどれだけを消費に回すかを示す割合）がストレート層よりも高く、総じて消費意欲が旺盛であることを示す分析が散見される。これらの諸分析も併せて考えると、単純に収入水準がさほど高くないとしても、性的マイノリティは自己実現や自己表現に寄与する商品カテゴリーを中心に積極的な消費者であることに疑いの余地はなさそうだ。

ではなぜ、性的マイノリティの消費意欲は高いのか？　背景として、次のような要因がよく挙げられている。

- 基本的に子供がいないので、教育費や住宅ローンの負担が総じて軽い。
- 美容業界や芸能界にＬＧＢＴが多いことが傍証するように、美的センスやカルチャー志向が強く、関連する自己投資欲求や自己主張欲求も強い。
- 性的マイノリティは将来ビジョンを描きにくく、今現在の楽しみにお金を費やしやすい。
- 特定の人間関係を維持するための交際的支出が多くなりがち。

性的マイノリティの消費態度の背景にこのような固有の事情があるとすれば、一般的なマーケティングとは違うアプローチをしていかないと、６兆円の消費者を大きく取りこぼす危険性がある。しかも、同じく電通「ＬＧＢＴ調査２０１５」によると、ストレート層の53％が「性的マイノリティを支援する企業の商品を積極的に利用したい」と答えてお

図表４－①：ＬＧＢＴ層の消費市場規模

商品・サービスカテゴリー	金額（単位：億円）
自宅食費	21,978
自宅飲料代（非アルコール）	1,661
自宅アルコール飲料代	1,482
外食費	4,532
白もの家電製品費	1,057
オーディオ・ヴィジュアル・情報家電製品費	1,715
ゲームソフト費	227
家具・インテリア費	882
ファッション費（衣料・靴など）	3,312
医療・保険費	5,216
車・バイク費（関連用品含む）	6,297
通信費（インターネット、携帯電話、郵便など）	3,118
教育・資格関連費（授業料、月謝など）	311
ペット関連費	610
園芸・ガーデニング関連費	302
書籍・雑誌・新聞費	1,160
国内旅行費	762
海外旅行費	290
美容・健康サービス費	834
化粧品・理美容品	1,726
アクセサリー費（宝飾品・時計・カバンなど）	601
レジャー・娯楽費	1,298
22カテゴリー合計	59,371

出典：電通「ＬＧＢＴ調査2015」プレスリリース

り、性的マイノリティ本人にストレート支援者を加えた総消費額は、性的マイノリティ本人だけの年間6兆円とは比較にならないほどに大きく膨らむと考えられる。大変な消費パワーだと言えよう。

ただし、「LGBTの総消費額が6兆円」と「LGBT市場の規模が6兆円」は、似て非なるもの。前者は正しくても、後者に関してLGBTマーケットと呼びうる実態が果たしてあるのだろうか？　それを考察する前に、まずはLGBT当人を顧客に想定する特殊なLGBTマーケットなるものが実在するのかどうかを考えていきたい。

ＬＧＢＴは特殊な消費者なのか？

電通や博報堂系の性的マイノリティ調査を元に、「人口の１割が該当する」「市場規模は年間約６兆円」「ＬＧＢＴは消費感度が高い」などの勇ましい情報がいろいろなところで引用されており、ビジネス界ではあたかも「ＬＧＢＴをターゲットとするビジネスのポテンシャルは高いぞ、バスに乗り遅れるな！」的なヒートアップを見せている。しかしながら私自身は、その動きに極めて懐疑的な立場をとっている。

「すでに人口の約１割が該当」「約６兆円の消費パワー」などの調査結果を嘘だと言う気は毛頭ない。しかも、電通と博報堂系の調査結果には類似点も多く、ある意味でダブルチェックをしたようなものだ。従って、調査結果の数字は実態をかなり正確に反映していると考えて良かろう。それにもかかわらず私がＬＧＢＴ本人たちを対象とするマーケティングに懐疑的な理由は、簡単至極である。ＬＧＢＴという顧客定義が、マーケティング的に妥当とは思えないからである。

つまり、LGBTの人は性的指向や性的アイデンティティに特徴があるだけで、それ以外は大した違いのない普通の生活者である。普通の生活者だから普通の消費ニーズしか持っていないし、普通の顧客像を想定すればよい。言い換えれば、LGBTを特別視する必要はないし、余計なバイアスはかえって悪い結果をもたらすのではあるまいか。もちろん性風俗等の領域に限れば、LGBTをターゲットに限定する特殊なマーケティングは成立するかもしれないし、事実、新宿二丁目はそうして成立してきた。しかし、消費総額の99%以上を占めるであろう、それ以外の消費にはその人がLGBTであろうがなかろうが関係ないと思われる。たとえば私のゲイの知人はオシャレだが、それは彼がゲイだからオシャレなのでなく、単純にオシャレに関心が高いからにすぎない。オシャレなストレート男性となんら変わるところがないのである。ゲイだからオシャレというステレオタイプな決め付けのほうが、色眼鏡というか差別的なのではないだろうか。

ちなみに欧米ではLGBTがゲットー※4を形成しまとまって暮らすケースがあり、その中に暮らすLGBTの消費者はLGBTが経営する店舗や企業からしか商品を購入しないという相互循環的で独立的な経済システムが成立しているといわれている。たしかにそのような場合だと、その経済システムに入っていかない限りLGBTに買ってもらえないのだから、「ＬＧＢＴだけを顧客にするマーケティング」が必要とされる理由もわかる。

しかし、ここは日本であり、そのようなＬＧＢＴゲットーは寡聞にして知らない。また、ＬＧＢＴゲットーが散見されるといわれる欧米でさえ、インターネットを介していろいろな人と知り合え、いろいろな情報を得られ、いろいろなモノを買える現代においては、そのようなゲットーは縮小傾向にあるという。しかも前述したように、「ＬＧＢＴ＝有望市場」を考える最大の根拠になっている同性愛者富裕説は、〝そうとも言えるデータもあるし、そうとも言えないデータもある〟という程度の信憑性しかない、いわゆる都市伝説に過ぎない。

繰り返すが大部分の消費に関して、ＬＧＢＴの人々は非ＬＧＢＴの人々と変わらないのだ。変わらないのに、「ＬＧＢＴの消費ニーズは特殊だ、理解せよ」と主張する様はまるでイソップ寓話に登場するオオカミ少年のように滑稽に感じるのは私だけだろうか？　そう考えると、ＬＧＢＴ本人たちの消費総額は約６兆円だとしても、ＬＧＢＴであることに直接的に起因した消費額は数百億円程度（６兆円の１％だとして６００億円）に限定されるのではあるまいか。本音を言えばもっと少ないかも、と実は思っている。これがＬＧＢＴ

当人をターゲットにする、そして記事等でよく散見するLGBTマーケットの実態であり、積極的に攻めて行くような対象であるとはとても思えない。

LGBTから嫌われれば6兆円の損失

ただしLGBTに嫌われた場合は、この約6兆円市場へのアクセスを一気に失う危険性には十分に留意されたい。電通「LGBT調査2015」の中の「LGBTをサポートしている企業の商品・サービスを積極的に利用するか?」という問いに対して、性的マイノリティの約7割が賛意を示していることからわかるように、大半のLGBTは「自分たちにフレンドリーであるか否か?」という企業姿勢を重視している。言い換えると、なにかの原因でカチンと不愉快にさせられただけで、その企業を嫌って、同社商品を買ってくれなくなることも十分に起こり得るということだ。しかも性的マイノリティが嫌悪すれば、その何十倍ものストレート支援者からも同じように嫌われてしまうことになる。性的マイノリティに嫌われてそっぽを向かれては、企業の存続にもかかわる一大事となろう。

もちろん今の時代に、あからさまな差別表現を企業側がすることは考えにくい。しかし、意図しない反応が生じる危険性はいくらでもあろう。ＬＧＢＴとは無関係の事例だが、就活女性を応援するＣＭが女性蔑視だと非難されて放映中止になったというような例は、一部の批判的な意見がＳＮＳ等で拡散されるうちに「炎上」に至る流れが容易に起きやすい現代ではよくある話である。そもそも情報のつくり手・受け手との間には性別・年齢など様々な属性の相違が存在しており、そのために意図しない齟齬や摩擦を生んでしまうことは現実にしばしば起きる。また、これもＬＧＢＴに限った話ではないが、企業から消費ターゲットとして狙われてロックオンされたように感じれば、誰だって不愉快だろう。事実、「シニア向け」と銘打たれた商品がヒットした事例は、生理用品を除くとほとんど存在しない。それはＬＧＢＴを顧客像に想定する場合も同じことだ。しかも周囲に気取られまいとして、ＬＧＢＴ向けと目される商品をあえて避ける当事者も決して少なくないはずである。

加えて「ＬＧＢＴフレンドリー」と「ＬＧＢＴにおもねる」は似て非なるものである。極端なことを言えば、「ＬＧＢＴを顧客に取り込もう」とか「ＬＧＢＴ消費者を失いたくない」と望むのであれば、おもねる商品企画や広告表現に陥り嫌悪される危険を冒すよりも、「もともとＬＧＢＴ固有の動機によるマーケットは小さいのだから、無視しても構わない」程度におっとり構えて、「ＬＧＢＴ＝有望顧客像」なんてことを特段意識しないほうがずっと賢明だと思われるのだが、いかがであろうか？　そこで次章では、ＬＧＢＴを顧客として捉えるのでない、もう一つのＬＧＢＴマーケティングを考えていきたい。

※1
GAYSTARBUSINESS記事『Canada study confirms that gay men earn less than straight men』（http://www.gaystarnews.com/article/canada-study-confirms-gay-men-earn-less-straight-men190615/#gs.NTyA994）より。

※2
同調査のプレスリリースによれば、「一般家庭において消費金額が大きく、また消費者の嗜好によって商品選択の変更が比較的容易な22の商品・サービスカテゴリーを選択し、総務省の家計調査と家計消費状況調査のデータを踏まえ、ＬＧＢＴ層の当該カテゴリーにおける消費状況を加味して算定した」「単独世帯と2人以上世帯のそれぞれについて算出し合計した」とある。

※3
出典：https://www.daiko.co.jp/dwp/wp-content/

※4
一般的に、特定の属性の人がかたまって住む街を指す。人種に注目すれば、黒人ゲットー、イタリアンゲットーなどと呼称される地域が欧米に多く存在している。16世紀初期にイタリア・ベネチアのユダヤ人地区に対して使用されたのが最初で、「絶縁状」に由来するとされる差別用語だが、他に適切な表現が思い浮かばなかったので利用する。

第5章

LGBTマーケティング②
LGBTを社会運動のテーマとするケース

次に、昨今のＬＧＢＴへの注目を社会運動の一つとして捉え、そこからの「ＬＧＢＴマーケット」について考察してみたい。マーケティングは顧客に始まるというドラッカーの言説にならえば、「ＬＧＢＴ関連の社会問題に敏感な人を顧客にするマーケティング」と解釈することもできなくはない。しかし、実際には行動力のある活動家（アクティビスト）から、行動はあまりしないものの「意識高い系消費者」や、ＬＧＢＴフレンドリー的ムードに流される「意識低い系消費者」などの濃淡が存在しており、すっきりとした顧客定義が難しい。したがって、本章でいうところのＬＧＢＴマーケティングは、「ＬＧＢＴ当人はもとよりＬＧＢＴフレンドリーなストレート層を対象にする、ＬＧＢＴへの差別なき社会を目指す社会運動を取り込んだマーケティング」と、社会運動を基軸に考察を加えたい。

各種ＬＧＢＴ調査によると、ストレート層の半数以上がＬＧＢＴフレンドリーな企業の製品に対して選択的購入意向を持っており、加えて２０１５年の個人消費総額は約２８５兆円[※1]であることを考えれば、ＬＧＢＴおよび支持層が創出する市場は少なく見積もっても約１５０兆円という算段も成り立つ。もちろんこの数値は取らぬ狸の皮算用に過ぎないのだが、前述の「ＬＧＢＴの消費総額・６兆円」と比較すると、なんとスケールが大きいことか！ しかも社会的課題への取り組みは、企業ブランディングの代表的なやり方でもある。私としては、「社会運動としてのＬＧＢＴマーケティング」こそ、ＬＧＢＴマーケティングの本筋だと断言したい。ではこのＬＧＢＴに光を当てた社会運動に対して、マーケティング的にはどう働きかければいいのだろうか？

マーケティングにおける社会運動とはなにか？

広辞苑（第六版）で「社会運動」を引くと、「社会問題を解決するために組織された集団的行動。狭義には、現存の社会制度を改革するための運動」とある。

なんともあっさりとした記述だが、実際に具現化するにあたっては、社会問題や社会制度に関心が薄い層を巻き込みながら、自律的に規模を大きくしていく動的ダイナミズムも重要なポイントだと思われる。社会運動論的なＬＧＢＴマーケティングの場合、最初はＬＧＢＴ本人や意識高い系のＬＧＢＴフレンドリー層からこぢんまりとスタートするが、やがては意識低い系まで裾野を広げていく流れの中で、マーケティング対象者が加速的に広がって増えていくのが理想的展開だろう。ここでちょっと脱線するが、この社会運動の本質を理解するために近年の日本で起きた社会運動として対照的な二例、「ハロウィン」と「シールズ」に注目してみるとしよう。

■ハロウィン

ハロウィンはもともと10月31日に行われていたキリスト教の伝統行事で、欧米では仮装してパーティ等を楽しむ娯楽行事としても定着していた。日本では2010年くらいまで在日欧米人だけが六本木等のパブで盛り上がっていたマイナーな行事だったのに、今では日本の若者にもすっかり定着している。日本でも流行した理由としては、個人的には大いに疑問だが、ディズニーリゾートやユニバーサルスタジオジャパンが大々的にパレードに取り入れたことがよく挙げられている。

■シールズ（SEALDs）

かたやシールズは、大学生や大学院生が中心となって安全保障関連法[※2]、もしくは安倍政権に反対する団体だったが、2016年8月に解散した。同年7月の参院選で安保法が争点にならなかったことや与党の大勝を受けて、これ以上の展開を見いだせなかったからだと思われる。一部の大手新聞や人気テレビ番組では、現代の若者の代表もしくは代弁者として盛んに持ち上げていたものの、実質的にはなんでもなかったわけだ。あっけない解散が、そのことを如実に示していると言えよう。

このように隆盛し定着する社会運動もあれば、盛り上がりに欠けやがて消滅する社会運動もあることをこの二例は如実に示している。では、成功する社会運動と消滅してしまう社会運動の違いはどこから生まれるのだろうか？　明快かつ愉快な答えを、TED[※3]におけるデレク・シヴァーズ[※4]のプレゼン「社会運動はどうやって起こすか[※5]」で見ることができる。社会運動のメカニズムを説くにあたり、シヴァーズは次のような珍妙なビデオを見せる。内容はこうだ。

①場所はどこかの公園。最初に一人の変わった若者が上半身裸になってダンスを始めるが、周りの全員は無視。目を合わせようともしない。

②突然、無関係な別の若者が同じようにダンスを楽しそうに始め、友人たちに手招きをする。そして、友人数人が加わり、踊りの輪がやや広がる。

③そこから自発的にダンスに加わる人たちが急増し、その場の多くの若者が興じるようになる。ただし、中高年者には無視し続ける人が少なくない。

この結果からシヴァーズは、社会運動のメカニズムをこう指摘する。

最初にリーダーが勇気を持って立ち上がることも必要だが、最も重要な役割を担っているのは「みんなにどう従えばいいか示す」最初のフォロワー（追随者）である。最初に始めた人物ばかりが注目されがちだが、社会運動の基盤を実質的につくったのは最初の彼ではなく、最初の追従者なのである。

心理学では人は他人の行動を真似する傾向があるとされるが、これは自分と同質性を感じる他人に対してのみに発揮される。裸踊りの例では、最初に踊り始めた人は奇人変人の類で、ハッキリ言ってアホでしかない。だから普通の人は真似しようとはとても思えないのだが、最初のフォロワーは通りすがりの人だ。ただし、まだ奇人変人に近い部類だから、普通の人はすぐに真似できない。だが、そこに最初は恥ずかしがって躊躇していた友達数名が加わり、ようやく普通の人のレベルにグンと近づいてきたことで一気に参加者が増えた、と解釈できるわけだ。

実はシヴァーズの説と内容的にほぼ同じなのが、半世紀余りも前の1962年に米国の社会学者E・ロジャーズ（1931～2004）が提唱した普及学である。ロジャーズは新しいアイデアや技術の社会拡散・普及を、次の5タイプの人間で順番に拡散していくプロセスとして理論化した。

なお、（）内のパーセントは各タイプの構成比で、全部を足すと100％になる。個人的にはこの構成比はかなり眉唾だと思うものの、とりあえずイノベーターに加えてアーリーアダプターの半分強が採用した10％前後の普及率が、社会に一気に広がるかどうかの岐路だと考えられている。実感としてもそう外れていない気がするがいかがなものだろうか。

・イノベーター（革新者、2・5％）

新しいアイデアや技術を最初に採用するグループ。リスクを取り、年齢が若く、社会階級が高く、経済的に豊か。のちに普及しないアイデアを採用することもある。

・アーリーアダプター（初期採用者　13・5％）
採用時期が2番手のグループ。理性的に採用を検討し、オピニオンリーダーとも言われ、他のタイプと比較すると周囲に対する影響度が最も高い。

・アーリーマジョリティ（早期追従大衆層　34％）
このタイプの人は一定の時間が経ってから採用を行う。社会階級は平均的で、アーリーアダプターとの接点も持つ。

・レイトマジョリティ（後期追従大衆層　34％）
このタイプにいる人は、平均的な人が採用した後にアイデアを採用する。イノベーションが半ば普及していても懐疑的に見ている。

・ラガード（遅滞者　16％）
最も後期の採用者。他のタイプと比較すると社会的な影響力は極めて低い。変化を嫌い、身内や友人とのみ交流する傾向にある。

シヴァーズの説と突き合わせると、「最初に始めた人＝イノベーター」、「最初の追従者＝アーリーアダプター」とピッタリと重なる。さらには拡散のキーを握っているのは「最初の追従者＝アーリーアダプター」であるという認識でも一致している。拡散・普及した時点から社会運動を振り返るとき、大概は「最初に始めた人＝イノベーター」が一種のヒーローとして称賛されるものの、真実は違うのだ。「最初の追従者＝アーリーアダプター」が現れたから、最初の人が称賛されるようになったのであって、「最初の追従者＝アーリーアダプター」が現れなければ単なる奇人変人に過ぎないのである。

こう考えると、社会運動的に見たハロウィンとシールズの違いは、〝最初の追従者＝アーリーアダプターがいたかどうか？〟という一点に尽きる。

成功した社会運動であるハロウィンでは、帰国子女やパーティ大好き人間がアーリーアダプターとして機能し、自分たちとそう変わらない日本人の彼ら・彼女らが楽しむ姿を見て、「それなら私もやってみようかな」と一気に日本社会に拡散していったと考えられよう。

それに対してシールズの場合は、結論的にいえば一般の学生・若者の追従を実現できずに、「身内のバカ騒ぎ」という印象の範疇を最後まで超えることができなかった、ということなのだろう。なお、シールズについては内部の情報が少ないのであくまでアウトサイドからの推論にすぎないが、逆に言うと情報が外に広がらないこと自体が、イノベーターとマジョリティを繋ぐはずのアーリーアダプターの不在を傍証しているように思われる。そもそも今日一般の学生・若者は新聞記事や報道番組に接点が少ない。新聞やテレビで盛んにもてはやされても効果は限定的だし、むしろより遠い存在に感じさせたのかもしれないと考えるのは穿ち過ぎであろうか。

「アーリーアダプター」抜きでは社会に拡がらない

さて翻って、ＬＧＢＴに関係する社会運動は、人権問題に直結するものであることは言うまでもない。たとえば、愛する人が同性だというだけで婚姻もできず、ストレートな配偶者なら当然視されている様々な社会的権利や保証を享受できないのは差別であり、基本的人権を侵している。〝だからＬＧＢＴの権利を法的に確立すべきだ〟というのが、昨今の社会運動視点から見た動きであろう。私自身はその是非について肯定も否定もしない。前記したように、社会的権利は社会を構成する一般市民の過半数が賛成したときに定まるもので、当事者や意識高い系の声の大きさだけで決められてはいけないと思っているからである。しかしマーケティング視点で、この社会運動を成功あるいは発展させるためにどうすれば良いか？ についての明確な答えは持っている。

社会運動の広がりに「最初の追従者＝アーリーアダプター」が必要不可欠だという鉄則にのっとり、「ＬＧＢＴに関連するアーリーアダプターは誰か？」、そして「その彼ら・彼女らにおけるＬＧＢＴ運動の価値はなにか？」を見定めて、最終的にどうやって巻き込むかを検討することが肝要なのだ。つまりこれが社会運動論視点のＬＧＢＴマーケティングに求められる基本戦略なのである。

関与度別に、アクティビストから多少の関心ならある程度の意識低い系まで切り分けると、もちろんアクティビストはアーリーアダプターにはなり得ない。むしろ、ＬＧＢＴアクティビストが目立つほど、意識低い系や一般ストレート層との心理的距離が離れてしまい、社会運動として発展できずにシールズのようにやがては孤立していくだろう。そこで重要な役割を担うのがストレート・アライなのだが、意識高い系のアライよりも、「面白そうだから参加しちゃった」的な軽いノリで運動に参加する意識低い系のほうがより重要な役割を担う。そのような人に対して、アライという名称すらも重いかもしれない。極端な例だろうが、巨人ファンや対戦チームのファンでなくても、東京ドームで野球観戦することはある。誘われていく人ほどそんなものではなかろうか。そういう人が「巨人の応援側に座っているから今日の貴方は巨人ファンです！」と宣言されても、「はぁ、そんなもんですか……」とドン引きしてしまうだけだ。ＬＧＢＴ問題に関心のある人全員をアライとして称賛するのは、それと同じようなものではなかろうか。

そもそも人それぞれの動機や事情があったうえでＬＧＢＴイベントに参加しているかもしれないのに、全員をストレート・アライと一括りで呼称すること自体がダイバーシティの精神に背いているような気さえする。その意味で、「なんだか楽しそう」という意識低い系まで誰でも気軽に参加できる「東京レインボープライド」の意義は非常に大きいと考える。参加者も順調に増えていると聞くが、そのような意識低い系の参加者が一番増えていることだろう。発足当初から積極的に参加しているアクティビストや意識高い系から見れば、意識低い系が増えていくことは噴飯ものかもしれないが、社会運動として成功するとは実はそういうことなのである。

ここでもカギを握る「ＳＮＳ」

またメディア戦略もカギとなろう。メディア側からすると、ＬＧＢＴ当事者やイベントを主催するアクティビストを取材してコンテンツ化したいはずだ。ストーリー的にわかりやすいし、インパクトのある人物であることが多いからだ。シールズの奥田氏がまさにそうだったように、である。しかし社会運動の発展メカニズムから考えると、それは愚策だし、やってはいけないことなのだ。むしろ意識低い系から見て、「ＬＧＢＴイベントには、自分と同じようなこんな普通の人も大勢いるんだぁ」という親近感を感じる程度まで敷居を下げられる人物こそが、メディアにどんどん登場するべきなのである。

そう考えれば、いっそのこと、誰か特定個人をスポークスパーソンとして特定メディアに働きかけるのではなく、アクティビストから意識低い系まで全員が自由にＳＮＳ等を使って情報発信していく形が、ある意味で正しいメディア戦略なのかもしれない。

ちなみに孫子の兵法に「戦わずして勝つ」という戦略があるが、もともと戦略[※6]の語源は「無駄な戦いを省略すること」である。ＳＮＳ時代の今日においては、マスメディアに積極的に働きかけない不作為こそが最良のメディア戦略であったとしても、特段の不思議はなかろう。

企業ブランディングとしてＬＧＢＴ社会問題にアプローチせよ

さらにつけ加えると、社会運動的な課題・イシューをテーマとするマーケティングは、必然的に企業ブランディングに直結する。一般的なマーケティングでは、消費者は基本的に個別の製品ごとにその価値に対峙し、評価の高い製品を是々非々で購入する。そのため企業としては、購入してもらうために個別製品ごとに価値を上げていく努力が求められている（図表５―①、下）。

それに対して社会運動的な課題・イシューをテーマとするマーケティングの場合、同じ課題に関心のある消費者は、問題意識を共有する企業をあたかも戦友やチームメイトのように感じて、無意識に企業に対する評価が上がる。そしてこの評価アップは、心理学で超有名なハロー効果[※7]を通じて同社製品すべてに対する評価を自動的に押上げることになるのだが、これが企業ブランディングのプロセスだ。個別製品の価値を地道に上げていかざるを得ない一般的マーケティングに比べて、非常に効率が良いことは明らかだろう（図表5―①、上）。

心理学的にもう少し詳しく解説すると、人は接触を繰り返すことによって相手に好意を自然と持つようになることが知られている。しかも、特に同じ目標に向かって相互に協力しあうチーム仲間意識を感じているときに、特に強い親近感が形成されやすい。これはいわゆる「同じ釜の飯」「同期の桜」などの言い方に込められた感情と基本的には一緒である。チーム仲間意識をより強化するために、ユニフォームやスローガン、愛唱歌などをつくる仕掛けも有意義なのは、誰しも納得できるだろう。さらにそこに、ちょっとでもどこかに好意を感じると全体評価までも無意識に上がるハロー効果が加わる。いわば「多接触による好意形成」と「ハロー効果」のコンボ攻撃である。

社会運動論的なＬＧＢＴマーケティングの場合、次のような心理プロセスをたどると考えられる。

①企業がＬＧＢＴの社会問題に理解を示したり、解決や支援に取り組んだり、イベント協賛等を行う。

↓

②ＬＧＢＴ当人やアライを中心に、ＬＧＢＴフレドリーな人々の心にこの企業に対するチーム仲間意識が芽生え、自然と企業への好意を持つ。

↓

③スペックや機能などの詳細情報を知らなくても、ハロー効果を通じてその企業の全商品への評価が上がる。

電通「ＬＧＢＴ調査２０１５」において「ＬＧＢＴやアライでもない一般消費者の多くで、ＬＧＢＴフレンドリーな企業の商品の購入意向が高い」ことが明らかになったが、この現象もハロー効果で十分に説明がつく。ＬＧＢＴフレンドリーな消費者にとって、同じくＬＧＢＴフレンドリーな企業は「私たちの味方になってくれている素敵な企業」と見な

図表5－①：社会運動への支援が企業ブランドになるメカニズム

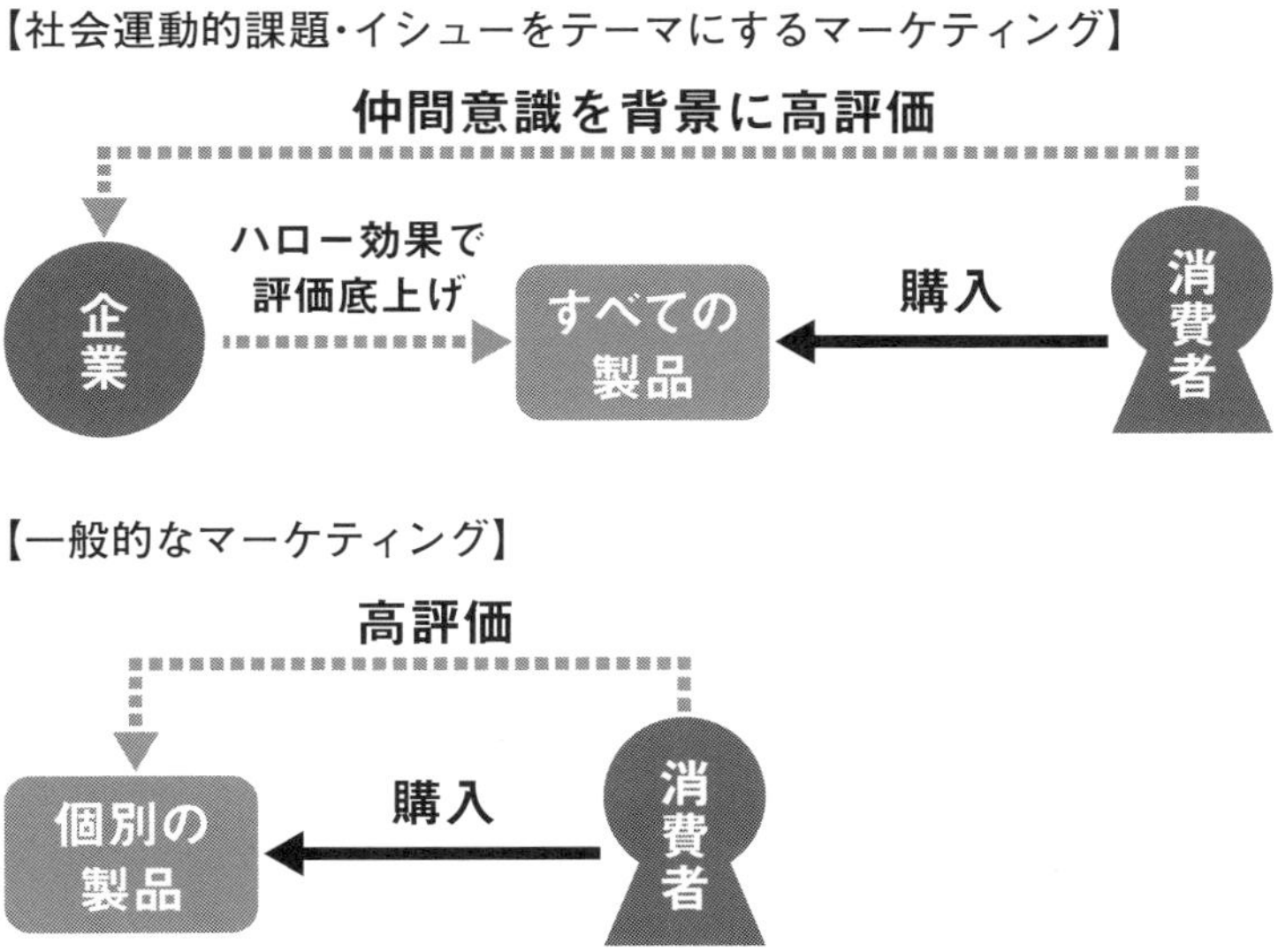

出典:著者作成

される。だから、その企業の商品に対する評価がハロー効果を通じ、なんとなくだが総じて自然と高まった、ということだ。一般消費者の半数強がＬＧＢＴフレンドリーな企業の製品に対して選択的購入意向を持っていることを踏まえると、ＬＧＢＴフレンドリーに関連する消費力はトータルすると約１５０兆円と見積もることも、決しておかしな論理展開ではないと考える。その意味で企業がＬＧＢＴフレンドリーになってなんらかの実行に移すことは、単なる慈善ではなく立派なマーケティング活動であり、優れた企業ブランド戦略なのである。

コモディティ化防止策としての取り組み

なお、企業ブランディングの重要性は今さらながら言うまでもなかろう。企業にとって最大の脅威は、商品や企業の差異が小さくなって、消費者から見た価値が均一化し、結果的に低価格化が進むコモディティ化だ。これまでコモディティ化は、模倣が簡単なローテク分野で主に起きやすいとされてきたが、近年ではハイテク分野でも基幹部品を調達し、組立てれば、容易に最新鋭製品を作れるようになって、コモディティ化の波に容赦なく襲われている。この恐ろしいコモディティ化に対抗する最も賢く確実な方策こそが、企業ブランドの価値向上なのだ。その意味で、今や企業ブランディングこそ最も重要かつ喫緊の経営課題と言っても過言ではない。

近年、企業がＬＧＢＴや性的マイノリティに熱い目を注いでいるのは、彼ら・彼女らを顧客としてとらえるという狭い視点ではなく、企業ブランディングの格好の社会運動論テーマとして取り組むことで成長の原動力にしようとする壮大な視点を持っているからだと考えてまず間違いないだろう。

ＬＧＢＴフレンドリーな企業と感じてもらうために

以前に「たとえば『私たち○○○社は、ＬＧＢＴへの支援の一環として、□□□に協賛しています』と堂々とアピールする会社があったら、どう思う?」とゲイの知人に尋ねたことがある。

答えは「正直言ってあまり良い気はしない」「どうせ広告の口先だけで、うさん臭い」。しかも全員がカミングアウトしているわけではないので、そんなことを謳っている企業をむしろ敬遠する性的マイノリティも多いはず、とつけ加えた。そもそも、本当のＬＧＢＴフレンドリーな企業はそんな野暮を言葉にせずとも、ちゃんと認識されているのだという。彼の個人的意見に過ぎないものの、ある程度は性的マイノリティの総意に近い気もする。

さて、なんども引用しているが電通「ＬＧＢＴ調査２０１５」の中に、「ＬＧＢＴをサポートしている企業の商品・サービスを積極的に利用するか?」という核心を突く設問がある。これに対して性的マイノリティの約7割が賛意を示しており、彼ら・彼女らは自分たちにフレンドリーかどうかという企業姿勢を極めて重視している。社会運動論的なLGBTマーケティングでは性的マイノリティだけを顧客と考えてはいないものの、運動の出発点もしくは象徴的な顧客像の意味において、性的マイノリティの支持を得ることは必須である。従って性的マイノリティを意識したマーケティングでは、彼ら・彼女らの事情・心情に対する配慮や理解、共感はもとより、具体的なサポート活動と情報発信が肝要だ。しかし、「協賛します」系のアピールは、口先番長的にむしろ逆効果になる危険性がありそうだ。ではなにをどう考えればよいのであろうか？　その一助として、まずは、ある広告を紹介したい。ザックリとした内容は次の通り。

（シーン1）

子供のできないカップル。耳の不自由な子供が暮らす児童養護施設から養子をもらおうと思い立って、手話を懸命に練習する。

（シーン2）

出向いた児童養護施設である少女と運命的に出会って、引き取ることを決意する。

〈シーン3〉

「私が新しいお母さんよ。会えて嬉しいわ」と手話で伝えると、少女は微笑みながら「私も嬉しい」と手話で返す。

とても心が温まる感動的なストーリーだが、パッと読んで直感的に貴方はどのようなカップルを思い浮かべたであろうか？　実は登場するカップルはストレートの男女夫婦ではなくて、レズビアンカップルであることがこの広告のミソである。２０１５年に米国大手銀行ウェルズ・ファーゴが放映したものだ。銀行がお堅いのは世界共通なのだろう。米国の銀行が初めて同性愛者を広告に起用したということで、米国の広告業界では大いに話題になったようだ。

この広告の示唆するところは、とても大きい。養父母として「ストレートの夫婦は普通だが、同性愛者カップルは特別」視しがちだが、子供を愛おしんで養育したいと思う気持ちはストレートの夫婦も同性愛者カップルも変わらない。いや、誰だって変わらない。だからそこにはこれっぽっちも特別なことはないのである。つまりＬＧＢＴマーケティングの基本は、「ＬＧＢＴや性的マイノリティを特別な生活者・消費者と捉えない。ただそこにいるのを認識すればよい」ということに尽きるのではあるまいか。

前記のＬＧＢＴ当人を顧客にするマーケティングでも前記したが、「ＬＧＢＴ＝有望顧客像」なんて意識してはいけないのだ。ごく普通のどこにでもいる市民として真摯に向き合えば、それだけで十分なのである。そのうえで情報発信をするにあたっては、この広告のように登場人物にごく自然体で性的マイノリティを登場させることに留意すべきだろう。わざとらしく強調し過ぎては、あざとくおもねっているように思われるし、あっさりし過ぎては軽視しているようにも思われるかもしれない。バランス感覚が重要だ。実際の企画や制作の作業に性的マイノリティの人々を積極的に起用することも検討に値するのではなかろうか。「郷に入れば郷に従え」なのだから。

加えて性的マイノリティの人物が広告等に登場する場合、演出上の架空のモデルではなく、性的マイノリティ当人を起用することも重要なポイントだと思われる。広告に出る人物にはルックスが要求されるので、美形モデルを絶対に使うなとまでいう気はないが、その場合でもモデル自身が等身大の性的マイノリティであることは最低限のマナーだし、やはりできればモデルではなく当人に出てもらうのがベストだろう。リアリティは細部に宿るもので、演出でカバーできる部分には限界があるからだ。

暗号による情報発信という方法

また性的マイノリティに自社がフレンドリーであることを認識してもらううえで、言葉等で明示的に表現せずに、「性的マイノリティ当人にはわかる暗号」でさりげなく表現するセンスが企業の情報発信に求められている。その観点で、第3章で前記した六色レインボーカラーをさりげなく取り入れるのも、良い情報発信だと考えられる。知らない人には単なる綺麗な配色デザインに過ぎないが、知っている人には「性的マイノリティに対して理解・共感していますよ」という暗喩的記号となっているわけである。つまり、あえて言明せずに、6色レインボーカラーに代表される記号のみを巧みに活用して情報伝達することが性的マイノリティに対するコミュニケーションの要諦ではなかろうか。そして、その実現のために性的マイノリティのセンスや美意識、また社会マイノリティを取り巻く社会的文脈を企業が理解し、ビジネスに取り込んでいく視点や姿勢、また合わせて性的マイノリティを特別視せずに普段の知人として交流できる人的ネットワークが不可欠だと言えよう。

次章で見るように、多くの企業では性的マイノリティの社員がいて、彼ら・彼女らとストレート層が一緒に仕事をする機会も今やそう珍しくない。LGBTマーケティングの一助として、性的マイノリティの同僚との「飲みニケーション」から始めるのもアリではないだろうか。

※1
出典：消費者庁・平成28年版消費者白書

※2
2015年7月16日衆議院で採決。その後、9月19日参議院で採決されて成立。

※3
アメリカのニューヨーク州に本部がある非営利団体で、学術・エンタテインメント・デザインなど多様なジャンルの講演をネットで無料配信する。ビル・クリントン元アメリカ大統領などの著名人の登壇も多い。

※4
アメリカの有名な起業家で、熱心なファンも多い。インディーズCD のネット販売を行うCD Babyを1998年に設立。

※5
http://www.ted.com/talks/derek_sivers_how_to_start_a_movement

※6
元来的には「方略」と言われていたが、明治時代に日本帝国陸軍が「戦略」と言い直したと言われる。また、英語のstrategyは、古代ギリシャ語の「負けそうになっても、勝利を信じてくじけない精神」を意味するストラテジアが語源とのこと。無駄な戦いを極力避けることで最終的に勝利を掴もうとする発想は、不思議と東西で共通している。

※7
好感度アップになる特徴を一つでも持っていることによって、評価全体が上向きの影響を受ける効果。「同じ犯罪でもルックスに優れている受刑者の刑が軽い」という衝撃的な調査報告も実際に存在するが、その原因として「ルックスが良い→性格も良いはず→情状酌量や更生の余地が大きい→刑が軽くなる」という無意識の思考連鎖が考えられる。

第6章

性的マイノリティとイノベーション経営

性的マイノリティ雇用の経営的メリット

経営学の神様ドラッカーの冒頭での言葉を借りるまでもなく、企業の成長にとってイノベーションが不可欠であることを疑うビジネスパーソンはいないだろう。しかし、言うは易し、行うは難し。今、真に企業に問われているのは「イノベーションをどう起こすのか」であり、さらに言えば、「イノベーションが生まれやすい自律的システムをどう社内に定着させるか」ということである。

さてドラッカーはイノベーションが生まれるきっかけの代表例として、「予期せぬ成功」や「予期せぬ失敗」をしばしば挙げる。裏返せば、たとえ結果的に成功したとしても、固定観念や常識に従った行動であればイノベーションには貢献しないということだ。そして、ドラッカーはこうも説く。

人こそ、最大の資産である。

すなわち、企業がイノベーションを起こし続けていくうえで、社内に「固定観念や常識に捉われない人」、いわゆるルールブレイカーを増やすことが極めて重要な条件なのだ。そのルールブレイカーの代表格として、「若者、バカ者、よそ者」がしばしば挙げられるが、性的マイノリティにもルールブレイカーの資格は十分備わっているように思われる。というのも、そもそも性的マイノリティはマジョリティすなわち社会の大勢から良い意味で逸脱しており、独自の視点や価値観を有していても不思議ではないからだ。また同性愛者が男性脳・女性脳を併せ持つ可能性は前述したとおりだが、そのことが思考や物事の捉え方の視野を広げてルールブレイキングに優利に機能するかもしれない。そう考えると、LGBTや性的マイノリティを積極的に雇用する意義も見えてくる。イノベーションを社内に起こす当事者として、またイノベーションが起きやすい自由闊達な職場環境のムードメーカーとして、企業の中で彼ら・彼女らの果たせる役割は決して小さくないだろう。

さて電通「LGBT調査2015」によれば、性的マイノリティの約3／4が「LGBTをサポートしている企業で働いてみたいと思う」と回答している。それと呼応するように、LGBT従業員に対する様々な支援策を採用する企業も増えてきた。

性的マイノリティの権利を保障する制度を制定するケースもあれば、そこまでではないが性的マイノリティへの理解を促す啓蒙活動をするケースまで対応レベルは様々だが、この種の問題に総じて鈍感だった日本企業も、対応しないリスクにようやく気付くようになったということだろうか。たとえば、野村證券をはじめとする野村グループでは「性的指向、性同一性を理由とする差別やハラスメントを一切行わない」と明記した倫理規程を策定したが、そのような事例は今後とも増え続けることだろう。しかしその一方で、今なお、就活や職場で差別を感じている性的マイノリティが大勢存在している現実から目を逸らしてはいけない。

特定非営利活動法人・虹色ダイバーシティと国際基督教大学が実施した調査[※1]によると、日本での職務経験がある同性愛者やバイセクシュアルの約4割が、またトランスジェンダーの約7割が求職時に性的指向や性的アイデンティティなどに由来した困難を実際に感じた、という。また、就職しても同様の困難はまだまだ続くようだ。同調査によると、企業のLGBT施策として「差別の禁止の明文化」「同性パートナーの配偶者扱い」「性同一性障がい配慮」「職場内の啓発イベント」などを望むLGBTが半数以上に達しているが、裏を返せば性的マイノリティに対する差別や無言の圧力が職場に厳然と存在していることを示唆している。

そのような中で、性的マイノリティの就活をサポートする社会的な取り組みも盛んになりつつあるようだ。たとえば特定非営利活動法人・ＲｅＢｉｔは「ＬＧＢＴ就活者に向けた情報提供やキャリア開発支援、企業や自立就労支援機関への研修実施を行う」ことを目的に就活支援事業を実施している。詳細は同組織ホームページをご覧いただきたいが、実は、大手企業がサポートしていたりする。遅々とかもしれないが、国内における性的マイノリティの雇用環境は確実に改善されつつあると考えて間違いなかろう。

なおＬＧＢＴ先進国の米国ではヒューマン・ライツ・キャンペーン財団（ＨＲＣ）という有力な人権団体が、性的マイノリティが働きやすい雇用環境はこうあるべしという基準を数値化して示す「企業平等指数」(Corporate Equality Index、略してＣＥＩ）を策定しており、事実上のデファクトスタンダードとなっている（図表6—①)。

図表６－①：CEI2016 の評価基準

１．雇用における機会平等指針（Equal employment opportunity policy）		
	企業活動全般における性的指向性 Sexual orientation for all operations	15
	企業活動全般における性的アイデンティティ（性自認） Gender identity for all operations	15
	性的指向性／アイデンティティに配慮した取引先選択基準 Contractor/vendor standards include sexual orientation and gender identity	5
２．福祉等の雇用関連給付[※2]（employment benefits）		
	配偶者とパートナーに対する医療給付の同等性 Equivalent spousal and partner benefits, Equivalent medical benefits	10
	生命保険等を含むその他給付の同質性 Other "soft" benefit	10
	トランスジェンダーを排除しない健康保険適用 Transgender-inclusive health insurance coverage	10
３．ＬＧＢＴに対する組織的な適応（Organizational ＬＧＢＴ competency）		
	能力開発、人事評価もしくは責務評価 Competency training, resources or accountability measures	10
	従業員の集会、または多様性に関する協議会 Employee group -or- Diversity council	10
４．公約（Public commitment）		
	（社員募集などにおける）ＬＧＢＴに対して実施中のエンゲージメントの表明 Business must demonstrate ongoing ＬＧＢＴ- specific engagement that extends across the firm	10
	性的指向や性的アイデンティティに基づいた差別や、会員が差別することを許容する非宗教団体に対して寄付等を禁じるガイドライン等の社則 Implement corporate giving guidelines prohibiting philanthropic giving to non-religious organization that have a written policy of discrimination on basis of sexual orientation and gender identity and a policy explicitly permitting its own chapters, affiliates, etc. to discriminate	5
	合　計　得　点	100

出典：ヒューマン・ライツ・キャンペーン財団

また同団体は毎年、フォーチュン500社および大手法律事務所を対象にCEIに基づく調査を実施してLGBTフレンドリーな企業ランキングを発表しているが、2016年版ではアップルやゼロックス、ツイッター、Airbnbなど過去最多の407企業が満点を達成したと報告されている。特にアップルとゼロックスは2002年の調査開始以来、満点を取り続けている性的マイノリティ雇用の超優秀企業である。さらには米国を本拠地とする多国籍企業の多くが、海外拠点も同様の方針で運営されているとの報告もなされていることをつけ加えておきたい。

求められるトップダウンによる取り組みとストレート社員の巻き込み

先ほど見たように日本国内の性的マイノリティ雇用環境は改善されつつあるが、まず外資系企業が取り組んで、それを同業の日本企業が追従するという図式が成立していると思われる。だとすればドメスティックな業種・企業ほど性的マイノリティには辛い職場となっており、改善の兆しもない可能性が高い、ということだ。性的マイノリティの職場環境を改善したり、雇用を促進したりするための日本企業の一層の努力が望まれよう。ただし、それには企業にとってコスト増などの痛みがある程度ともなうと考えられる。性的マイノリティ従業員がイノベーションのチャンスだといくら説得したところで、重い腰はなかなか上がらないかもしれない。いや、多分そうだろう。であればこそ、企業トップの役割は非常に大きいといえる。

ただし法制度で前述したように、性的マイノリティ従業員に対する支援もやはり社内マジョリティであるストレート従業員の理解を前提とすべきである。ここでも重要なポイントは、性的マイノリティの人は性的指向や性的アイデンティティを除けばごく平凡な人格だということ。それにもかかわらず、イノベーション創出のメリットだけを享受しようとして支援施策を性急に導入すれば、彼ら・彼女らを特別視する土壌を生むことになったり、逆差別を感じるマジョリティを輩出したりして、職場風土がかえって悪化する危険性にも十分注意すべきである。

そう考えると社内の人事政策は、性的マイノリティの人権問題の啓蒙活動から始めて、やがてストレート従業員の理解が十分に進んだ後に、良識の範囲内で社内制度化を進めていくソフトで段階的なマネジメントが望ましいのではあるまいか。そしてこのような企業内の動きは、一種の社会運動にほかならない。ということは、このムーブメントを発展させるうえで、性的マイノリティと自然体で接しているストレート社員を「最初の追従者＝アーリーアダプター」として積極的に社内で情報発信していくことも良策だと思われる。そう考えると、性的マイノリティの雇用環境改善にはある程度の時間を要するだろうが、遠回りのようで実は「急がば回れ」を地で行くのが、ダイバーシティ時代の人材マネジメントだと言えるかもしれない、と思う。

そろそろ日本でも性的マイノリティ雇用環境基準が必要なのではなかろうか

ところで、実態はないのにあたかも環境配慮をしているように装って欺瞞的に訴求する行為やそういう企業を「グリーンウォッシュ」と糾弾する。これは、漆喰を上塗りする様子から「上辺のごまかし、粉飾」を意味する英語「ホワイトウォッシング」とグリーン（環境に配慮した）とを掛け合わせた造語である。また、企業などが人道主義の見せかけを行うことを「ブルーウォッシュ」と呼ぶこともある。

実はこれと同じように、性的マイノリティやＬＧＢＴにフレンドリーだと自称する企業の中にも彼ら・彼女らに対する理解や共感を持たないのに、販促活動の一環として上辺だけでそう装っている「ＬＧＢＴウォッシュ」な悪質企業が存在するかもしれない、と思ってしまうのは私だけだろうか。極端な事例としては、ＬＧＢＴ向けイベントへの支援や広報物での発信には熱心だが、社内の性的マイノリティ従業員に対する関心はビックリするくらい希薄だったりすることもある。つまり、外面だけのＬＧＢＴフレンドリーで、お茶を濁しているわけだ。

　では我々はどうしたら、そのようなＬＧＢＴウォッシュな企業を見抜く眼力を身に付けられるのであろうか。もちろん一般消費者が企業の内情を正確に把握することは困難だ。だからこそ、前述した米国ＣＥＩのような信用のおける団体が作成した評価基準が重要になる。

　実は、日本国内でも類似の評価フレームがないわけではない。たとえば東京商工会議所「中小企業のための　ダイバーシティ推進ガイドブック～人材と働き方の多様化による組織力の強化～」もその一つ。ほかにもダイバーシティ調査を名乗っている研究レポートがいくつか散見される。しかし、米国ＣＥＩのようにＬＧＢＴや性的マイノリティに焦点を当てているわけではなく、ダイバーシティの広範な概念の下で主に女性や外国人の従業員の働きやすさに関する言及が大半である。その意味で恐縮な言いようになるが、全体的にピンぼけ気味で、なんとも要領を得ない。

　おそらくは企業側の遠慮というか、本音では性的マイノリティをタブー視している企業がまだ多いことの証明なのかもしれない。近年はＩＳＯ（国際標準化機構）などの定める国際的ガイドラインを経営マネジメントに取り入れる日本企業が急増しているが、同様にこの領域でデファクトスタンダードになっている米国ＨＲＣのＣＥＩをそのまま日本に横展開しても良いのではなかろうか。

次章以降では、雇用を含めて、さまざまな側面で性的マイノリティと向き合って成果を出している実際の企業やビジネスの現場を見ていきたい。

※1
出典：ＬＧＢＴに関する職場環境アンケート2015（虹色ダイバーシティ、国際基督教大学ジェンダー研究センター）

※2
米国企業の場合、一般的に賃金／給与以外の生命保険／医療保険や社会保障税／失保／労災、年金、長期有給休暇、祝日／有給傷病休暇、昼食時間等を指すが、業種や企業規模によって実態は多様。

第7章

当事者から見たダイバーシティ・マーケティング参入の注意点

村木真紀（むらき・まき）

1974年茨城県生まれ。社会保険労務士。京都大学卒業後、日系大手製造業、外資系コンサルティング会社を経て現職。ＬＧＢＴ当事者としての実感とコンサルタントとしての経験を活かし、ＬＧＢＴと職場に関する調査、講演活動を行う。2015年『Googleインパクトチャレンジ賞』、日経WOMAN『ウーマン・オブ・ザ・イヤー2016 チェンジメーカー賞』、2016年『日経ソーシャルイニシアチブ大賞 新人賞』受賞。共著『職場のＬＧＢＴ読本』（実務教育出版）。

ここまで、ＬＧＢＴはダイバーシティのアイコンであり、こうした人びとの取り込みこそがダイバーシティ・マーケティング参入への入り口であることを見てきた。では具体的にどこに留意し、どう参入すればいいのか？　ＬＧＢＴやマイノリティがいきいきと働ける職場づくりに取り組む特定非営利活動法人（ＮＰＯ）、虹色ダイバーシティ代表であり、レズビアンの当事者である村木真紀氏に話を聞いた。

キーワードは「フェアに課題を解決する」

ダイバーシティに関するマーケットにおいても、供給側の代表はやはり企業ということになるわけですが、企業にはいろいろな側面がありまして、従業員を抱える存在という側面や、株主やお客さまの需要を満たす存在という側面も持っています。まずはその企業の中で、ダイバーシティ・マーケティングの入り口たるＬＧＢＴがどういう存在であるかという側面から考えてみます。

給与所得者の平均年収は４０８万円（２０１２年国税庁調査）ですが、私ども虹色ダイバーシティが国際基督教大学ジェンダー研究センターと共同で２０１６年に行った調査では、ＬＧＢＴなどの性的マイノリティにおいて年収が４００万円未満の比率は67・４％とおよそ7割を占めており、ＬＧＢＴのおよそ３分の１にあたる27・５％は年収２００万円以下の、いわゆる貧困層となっています（図表7―①、図表7―②）。４００万円以上の所得者層においても、無理解や偏見によるいじめがあったり、退職に追い込まれたりと、つ

図表7ー①：セクシュアリティ分類

●シスジェンダーとは●
生まれた時に診断された身体的性別と自分の性自認が一致、それに従って生きている人のこと

生まれの性	性自認	性的傾向	セクシュアリティ分類	当事者／非当事者	LGB他／T／非当事者
女性	女性	女性	シスL	当事者	LGB他
		男性	シスH女性	非当事者	非当事者
		両性+問わない	シスB女性	当事者	LGB他
		該当なし	その他女性	当事者	LGB他
		その他	その他女性	当事者	LGB他
	男性	全部	FtM	当事者	T
	X	全部	FtXなど	当事者	T
	その他	全部	FtXなど	当事者	T
男性	女性	全部	MtF	当事者	T
	男性	女性	シスH男性	非当事者	非当事者
		男性	シスG	当事者	LGB他
		両性+問わない	シスB男性	当事者	LGB他
		該当なし	その他男性	当事者	LGB他
		その他	その他男性	当事者	LGB他
	X	全部	MtXなど	当事者	T
	その他	全部	MtXなど	当事者	T
			12分類	2分類	3分類

※トランスジェンダーには同性愛者、バイセクシュアルなど様々な性的指向を含んでいる。
※今回は就労についての調査であり、現状の社会においては、性的指向よりも出生時の性別が就労に大きく影響するのではないかという想定で、分析に当たっての分類を行った。

出典：虹色ダイバーシティ 国際基督教大学ジェンダー研究センター

図表7－②：LGBTなどの性的マイノリティにおける年収

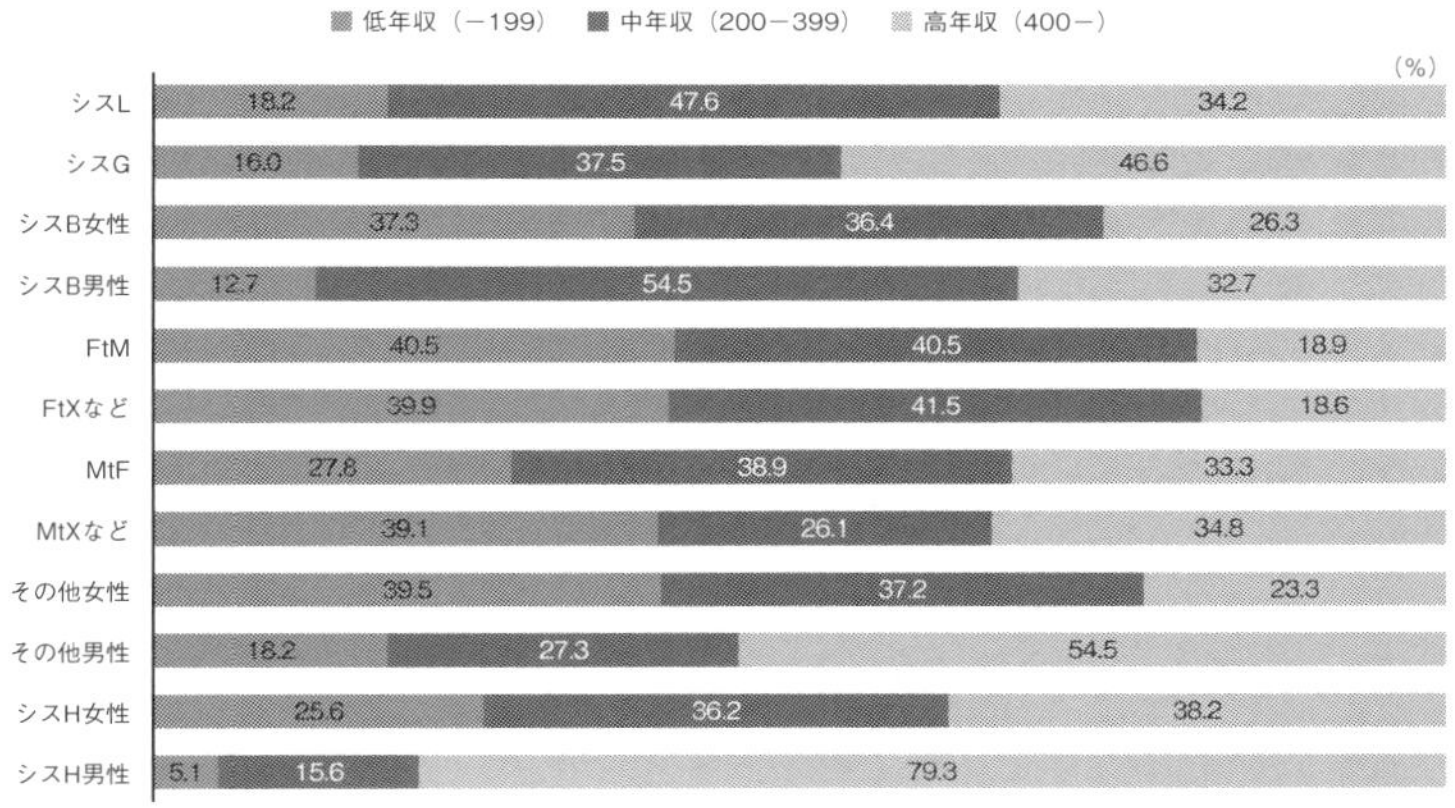

N＝	シスL	シスG	シスB女性	シスB男性	FtM	FtXなど	MtF	MtXなど	その他女性	その他男性	シスH女性	シスH男性
	225	363	217	55	111	188	72	69	43	11	254	237

計 1,845人

男性より女性のほうが、シスジェンダーよりトランスジェンダーのほうが年収が低い傾向。

出典：虹色ダイバーシティ 国際基督教大学ジェンダー研究センター

ねに貧困のリスクにさらされています。

ＬＧＢＴマーケットが注目されるのはおおいに結構と思いますが、こうした現実がすぐ隣にある中で、一部の高額所得者にのみ注目していたら、反感を持たれるのは当然でしょう。そうした中でマーケット参入を図るとしたら、ライフネット生命保険の事例が参考になると思います。

同社が２０１５年に行ったのは、死亡保険金受取人の指定範囲を拡大し、同性のパートナーも指定可能（受取人になれる）としたことでした。生命保険金の場合、一部の地方自治体が発行する同性パートナーシップに関する書類があれば支払うとしている保険会社もありましたが、公的な書類は出せる地域と出せない地域があります。また行政窓口にわざわざカミングアウトしに行くことになるという側面もあります。LGBTなどの性的マイノリティにとって、これはなかなか敷居の高い要求です。ところが同社は、契約時に住民票の提出と、同社所定のパートナー関係を確認する書面を提出するだけで契約できる、としたのです。

同性パートナーへの死亡保険金の支払いという需要は、これまでにもきっとあったと思います。それでも生命保険各社がこれまで取り組まなかったのは、倫理的なリスク、すなわち犯罪に使われるのではという懸念があったからでしょう。ライフネット生命保険は、専門家と一緒に何年も研究検討したうえで、異性同士でも同性同士でも、犯罪に使われる率は一緒だと判断しました。であれば同性パートナーも受け取りを可能にしようと結論を出した。とてもフェアな判断だと思います。同社の発表は性的マイノリティ当事者からおおいに歓迎されましたが、このフェアな姿勢が共感されたのではないかと思います。

同社の発表以降、他の保険会社も同性パートナーの死亡保険金受け取りを認めるようになりましたが、今どこが一番、性的マイノリティ当事者からＬＧＢＴフレンドリーだという印象を持たれているかというと、私はライフネット生命保険だと思います。先の発表以降、実際に同社と契約した人や、契約を考えているという当事者の声を聞きます。これは「生命保険業界の中で最初に発表した」ということと、対象範囲が広くフェアに感じるからだと思います。同社のホームページの中の、ＬＧＢＴ向けの特設ページを是非ご覧ください。当事者が見た時に、不快な思いを抱かないよう、表現に配慮しているのがよくわかると思います。

私はダイバーシティ・マーケットを考えるうえで、フェアネス（公正さ）というのが非常に重要なキーワードであると考えています。

「この企業のしていることは、フェアであるという納得感があるか否か――。」

マーケティングを行う際に、当事者の社会的課題を無視して、当事者の中の一部の高額所得者層だけを狙ったとなると、大多数の当事者を無視することにつながり、反感を持たれてしまうでしょう。しかし、当事者の抱える悩みや課題にしっかりと向き合うことができれば、好感を与えることができます。これはいわば、普通のマーケティングの課題解決の手法と変わりません。「ＬＧＢＴ当事者にはこういう課題がある」「それを解決するとこんなビジネスチャンスが生まれてくる」という通常のマーケティングの動線ですが、ＬＧＢＴの場合、マーケットとしてアプローチするには丁寧な配慮が必要となります。

ＬＧＢＴは「厳しい目線を持った客」

「ＬＧＢＴマーケットへのアプローチの際に必要なもの——。」

それは繊細なアプローチです。これには育成環境が大きく関係しています。自分がＬＧＢＴ当事者かもしれないと自覚する時期は主に思春期の頃で、小中高校生のときに、「自分は人とは違うかもしれない」と思い悩みます。ところがこの時期、周囲を見渡すと、「おかま」「ホモ」とからかわれたりいじめられたりする男の子がいたり、家庭ではテレビに登場する「オネエタレント」を「気持ち悪い」と親が言っていたりする。親にも友達にも言えない、自分はやっぱりおかしいのだろうかと思うんです。学校や家庭で苦しんだ記憶がない人でも、社会に認められていない、自分は異常なのではないかという思いを根深い部分に抱えながら成長してきています。うまく折り合いがつけられる人もいますけれど、傷がないわけではありません。

たとえば目の前で「おかま」「ホモ」の話題を突きつけられたときに、一緒になって笑うのか、あるいは無視するのか、当事者であることがバレないよういつも判断を強いられています。いわば、心を閉じてやりすごす訓練をしているようなものです。そうした環境で成長してきた当事者たちですから、LGBTが急に市場としてクローズアップされた時に、「本当に自分たちの悩みがわかっているのだろうか」と疑い、慎重に観察します。最初から目線が厳しいのです。

ではLGBT当事者の、信頼を得るにはどうしたらいいか？

まずは、社内の人事面から取り組むのが一つの方法です。電通総研などの調査では、人口の約5〜8％がLGBTなど性的マイノリティ当事者であるというデータがあり、少なくとも20人に1人という割合になります。これは左利きや血液型がAB型の人、障害者手帳を持つ人と同じぐらいの割合で、実は想像以上に人口比率が高いのです。ほとんどの人が身近で当事者と出会っているはずで、もしも「自分の職場にはいない」と感じているのなら、職場にいないのでなく、当事者が誰もカミングアウトできないような環境であるととらえるほうが正しいでしょう。

ですから職場に当事者がいるかもしれないという前提で、まずは人事面でのＬＧＢＴ施策を進めていくべきで、今までこうした施策に取り組んだことのない企業では、「差別の禁止の明文化」がダイバーシティ・マーケティングの最初の一歩としておすすめです。虹色ダイバーシティが国際基督教大学ジェンダー研究センターと共同実施した、累計５０００人規模の職場環境アンケート調査において、当事者も非当事者も「差別の禁止の明文化」を希望する声が多く寄せられています（図表７―③）。

この一歩によって「うちの会社も取り組みをはじめたんだ」と、当事者からの信頼感を高める効果があると思います。２０１４年に行った同調査では、職場の誰かにカミングアウトしていると勤続意欲が高く、差別的言動があると勤続意欲が低いという調査結果が出ています。特に差別的言動の有無については、ＬＧＢＴなど性的マイノリティ以外の人の勤続意欲をも低くする傾向があることもわかっています。「差別の禁止の明文化」という施策は、当事者以外にも歓迎されるダイバーシティ・マーケティングの第一歩だと思います。

図表7－③：職場で希望するLGBT施策

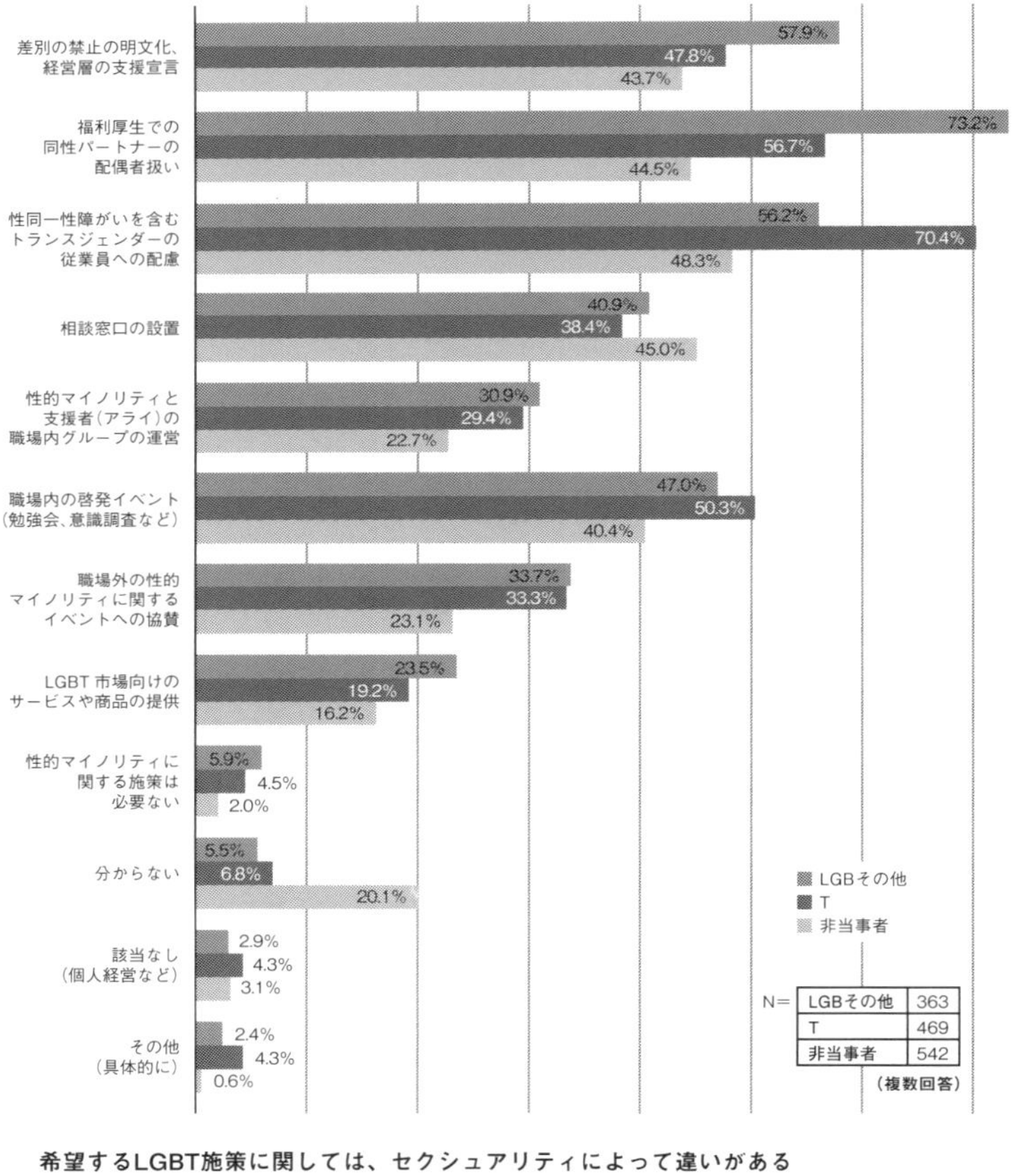

希望するLGBT施策に関しては、セクシュアリティによって違いがある

出典：虹色ダイバーシティ 国際基督教大学ジェンダー研究センター

図表７－④：LGBT への対応の基本方針

業種	Ⅲ - 4　LGBT への対応の基本方針								
	回答社数（社）					構成比（%）			
	あり	なし	作成予定	その他	総計	あり	なし	作成予定	その他
水産・農林業	1	2	0	0	3	33.3	66.7	0.0	0.0
鉱業	0	1	0	1	2	0.0	50.0	0.0	50.0
建設業	10	29	2	2	43	23.3	67.4	4.7	4.7
食料品	5	30	1	4	40	12.5	75.0	2.5	10.0
繊維製品	3	10	2	2	17	17.6	58.8	11.8	11.8
パルプ・紙	1	5	0	0	6	16.7	83.3	0.0	0.0
化学	21	39	2	3	65	32.3	60.0	3.1	4.6
医薬品	6	13	1	1	21	28.6	61.9	4.8	4.8
石油・石炭製品	1	1	0	1	3	33.3	33.3	0.0	33.3
ゴム製品	3	5	1	0	9	33.3	55.6	11.1	0.0
ガラス・土石製品	2	7	0	3	12	16.7	58.3	0.0	25.0
鉄鉱	3	8	0	0	11	27.3	72.7	0.0	0.0
非鉄金属	3	9	0	0	12	25.0	75.0	0.0	0.0
金属製品	4	9	0	0	13	30.8	69.2	0.0	0.0
機械	11	30	1	6	48	22.9	62.5	2.1	12.5
電気機器	32	49	4	6	91	35.2	53.8	4.4	6.6
輸送用機器	7	34	1	5	47	14.9	72.3	2.1	10.6
精密機器	2	12	0	0	14	14.3	85.7	0.0	0.0
その他製品	4	16	2	2	24	16.7	66.7	8.3	8.3
電気・ガス業	2	6	0	2	10	20.0	60.0	0.0	20.0
陸運業	1	10	1	2	14	7.1	71.4	7.1	14.3
海運業	2	1	0	2	5	40.0	20.0	0.0	40.0
空運業	1	1	0	0	2	50.0	50.0	0.0	0.0
倉庫・輸送関連業	1	6	1	0	8	12.5	75.0	12.5	0.0
情報・通信業	16	35	3	5	59	27.1	59.3	5.1	8.5
卸売業	3	57	2	9	71	4.2	80.3	2.8	12.7
小売業	8	43	3	5	59	13.6	72.9	5.1	8.5
銀行業	3	21	1	1	26	11.5	80.8	3.8	3.8
証券・商品先物	3	4	0	0	7	42.9	57.1	0.0	0.0
保険業	3	2	1	3	9	33.3	22.2	11.1	33.3
その他金融業	2	7	1	2	12	16.7	58.3	8.3	16.7
不動産業	2	16	0	1	19	10.5	84.2	0.0	5.3
サービス業	7	45	3	2	57	12.3	78.9	5.3	3.5
総　計	173	563	33	70	839	20.6	67.1	3.9	8.3
製造業	108	277	15	33	433	24.9	64.0	3.5	7.6
非製造業	65	286	18	37	406	16.0	70.4	4.4	9.1

出典：東洋経済CSR企業総覧2016年版

ＬＧＢＴが求める商品・サービスとはなにか？

私たちは、ＬＧＢＴなどの性的マイノリティがいきいきと働ける職場づくりを通じて、当事者と支援者（アライ）のエンパワーメント、当事者が生きやすい社会づくりを目指しています。職場環境の整備だけでなく、商品やサービスでの配慮を両輪として、バランス良く進めるべきであると考えています。ですが、職場環境の整備について東洋経済新報社が発表している『東洋経済ＣＳＲ企業総覧２０１６年度版調査』（図表７―④）を見ても、まだまだ途上というのが現実です。

ちなみに同データでは大手企業のうち１７３社がＬＧＢＴに関してなんらかの方針を持っていると回答しています。取り組む企業は確実に増えていますが、それでもまだまだ少数派です。ほとんどの当事者は、「最近、ダイバーシティ施策を行う企業が増えているらしい」くらいの印象でしょう。「まだまだうちの会社では理解がない」「カミングアウトなんてとても考えられない」というのが多くの当事者の実感だと思います。

商品やサービスでのダイバーシティ配慮についてのPRは、さらに丁寧に行う必要があります。なぜなら何百万人と推計される当事者を一括りにして「ＬＧＢＴなど性的マイノリティにアピールする商品・サービスはこれです」と打ち出すことは、とても難しいからです。

人々の趣味嗜好は多様です。たとえば、家具でいえば、カントリー風が好きな人、シックな感じが好きな人、モダンな感じがいいと思う人……。様々ですよね。ＬＧＢＴの趣味嗜好も、当然、非常に多様です。一方で、国内で公にカミングアウトしている人は、お笑いや芸能の分野に偏っています。経済界や学会、スポーツ界でカミングアウトしている人はほぼいない・見えない。少なくとも20人に１人がＬＧＢＴという先ほどの調査結果から考えれば、あらゆる分野にいるはずです。今、多くの人から見えているＬＧＢＴ層は、かなり偏っているのです。そうした中で、マーケット開拓をしていかなければならないわけですから、私は非常に難しい取り組みだと思っていますが、最低限、守らなければいけないことはあります。それは「フェアに感じられるか？」「不快に思わないか？」ということだと思います。

「疎外感を抱かない」表現を

一般消費者と同様に、LGBTもテイストやライフスタイルは多様です。その中での最低ラインとして、LGBT当事者でもフェアに感じるというのは大事なポイントではないでしょうか。これは性的マイノリティのみならず、どのダイバーシティ・マーケットを対象にする場合も同じでしょう。

最近、気になっているのは、保険会社や住宅会社の広告です。こうした企業の広告は、(アジア人で、日本語を話す、健常者の)お父さんとお母さん、おじいちゃんとおばあちゃん、息子、娘、犬というイメージをよく使います。いわゆる「幸せ家族」を表現しようというものですが、これを性的マイノリティが見たら、おそらく疎外感を抱きます。そこに自分は含まれていない。あれは自分の話じゃないと、シャットダウンしてしまうんです。これは性的マイノリティだけでなく、シングルマザー、シングルファーザー、多国籍カップル、車いすの方なども同じ疎外感を抱くと思います。従来の標準的な家族像を広告で描いてしまうと、逆に疎外感を抱いてしまう人が増えているのではないかと考えています。そういう意味では、「家族」「幸せ」のイメージを多様化していく必要があって、その中の一つが同性カップルだったり、トランスジェンダーだったりするんだろうなと思います。

最近の広告表現の中で素晴らしいと思ったのは、ティファニー社が『ＡＥＲＡ』に載せた広告です。表紙をめくった次のページに掲載されていた、ティファニー社の婚約指輪の広告にゲイカップルが登場しました。この広告が日本の商業誌で成立するようになった点が社会の変化を示していると思います。広告やＣＭの登場人物にさりげなくＬＧＢＴが含まれるようになれば、疎外感を抱くことなく「無視されていない」とホッとする人も増えるるんじゃないでしょうか。そして「ＬＧＢＴが求める商品・サービス」も、この疎外感のない広告表現の先にあるように感じています。

レインボー消費は数パーセントの話ではない

さて「ＬＧＢＴが求める商品・サービス」ですが、２０１５年にＬＧＢＴの市場規模を５・９兆円であると発表されています（第１章参照）。この調査では52・7％の非当事者が、ＬＧＢＴフレンドリーな企業の商品・サービスを積極的に利用したいと答えています。電通ではこうした周辺の消費者も入れて「レインボー消費」と名付けていますが、こうした傾向は、我々の調査でもまったく同じ傾向がでています。

自分がＬＧＢＴ等の当事者だと家族にカミングアウトすることは、大変勇気のいることです。以前はほとんどの当事者が家族にはカミングアウトしていませんでしたが、最近の若い層の中には、友だちや家族に早くからカミングアウトする人も増えてきているように感じます。

たとえば以前、学生の勉強会に参加したら、「明日からＬＧＢＴのことをニューヨークに学びに行きます」と。その後、みんなで写真を撮ったのですが、虹色ダイバーシティの公式フェイスブックで発表していいかと聞くと、ほとんどがＯＫなんですね。フェイスブックは実名で使うＳＮＳですから、これがカミングアウトになるかもしれませんが、彼ら・彼女らはほとんど気にしていない様子でした。これは私の若いころにはとても考えられなかった。

社会にはまだまだ無理解や偏見がありますが、その中でもカミングアウトできる人が増えてきているのです。カミングアウトする人が増えてきているということは、当事者が家族や友人にいる、という関係者＝アライが増えるということです。ＬＧＢＴ支援を表明する商品やブランド、サービスを受け入れ、応援する基盤が、今まさに形成されつつあるのです。ＬＧＢＴマーケットは、数パーセントと推計されるＬＧＢＴ当事者だけの話と捉えてはいけないということです。

また、特にＬＧＢＴなど性的マイノリティに特化してマーケットを考えた場合、見えない・見えにくい存在であるということを配慮しなければならないと思います。たとえばＬＧＢＴ当事者が、資産形成を考えようと証券会社に行くことがあるかもしれません。証券会社はＬＧＢＴフレンドリーな取り組みを推進している先進企業も多いですが、その高額所得者が窓口でカミングアウトしなければ、それがＬＧＢＴ需要であるとはわからないわけです。

企業がＬＧＢＴ施策を行う意義とは、売り上げを増やすというよりは、取り組みによってリスクやロスが減るということだと私は思っています。なにもやらない場合の損失が大きいのです。ＬＧＢＴ施策やダイバーシティ推進に特に取り組まず、配慮のない企業では、約５％に当たるＬＧＢＴ当事者が不快な思いをしている可能性が高く、おそらくは当事者の従業員が辞めていたり、いい人材を獲得するのに苦労していたりするかもしれません。多くのチャンスを逃しているのではないかと思います。また接客の場面で不快な体験をしても、ほとんどの当事者はその場でクレームを言いません。クレームを言えばカミングアウトにもなりますから、黙ってその場を去って、もうその店には行かない。黙っていなくなるのがＬＧＢＴのお客さまです。

ですからロスがどれだけあったのかは把握が非常に難しいし、ＬＧＢＴフレンドリーであることでどれだけ売り上げをもたらしたかを知ることも難しい。難しいですけど、ＬＧ

ＢＴに取り組むことで、当事者だけでなく支援者を含めファンを広げられるチャンスがあるという点は、大きいと思います。たとえば障がい者の施策で障がい者雇用等に積極的な企業は、働いている当人だけでなく、その家族がコアなファンになってくれています。同様に、ＬＧＢＴ当事者の家族が、コアなファンになる可能性があります。ＬＧＢＴマーケットを見極め、支持をつかむのは並大抵ではありませんが、ここで問われているのはその企業のフェアネスです。このフェアな精神、態度というのは、ほかのマイノリティを対象としたマーケティング、ダイバーシティ・マーケティングに、必ず活かせるはずです。

ニーズは極めて身近なところに

では、具体的にどのようにアプローチをすればいいのでしょうか？

ＬＧＢＴというと、成人を思い浮かべるかもしれませんが、違うんですね。子供にも高齢者にもいるんです。この部分は見過ごされがちです。たとえばレズビアンの場合、高齢の親からすればほとんどは「独身の娘」です。ＬＧＢＴは介護のキーパーソンになりがちで、実際に介護離職も起きています。人生の様々な場面で多様な困難があるわけです。

当事者の多様な困難を解決する、オールマイティな解決策は存在しません。同性婚ができるようになっても、職場や学校の問題の解決にはなりません。生活上の困難のごく一部分が改善されたに過ぎないんです。そういう意味ではまだいろいろな問題が取り残されています。ニーズはそれこそたくさんあるし、極めて身近なところにあるはずです。その中で企業がどうアプローチしていくべきかと言えば、私は当事者の課題に真摯に寄り添うこと以外にないと思います。

我々のアンケート調査では、市場として「なにに関心がありますか？」という質問に関して、一番ニーズが高いのが医療、福祉、介護でした。これは生活にとても密接な部分です。骨折で入院しても、入院する部屋は男女別です。入院患者がトランスジェンダーだったとしたら、同じ当事者の友人がお見舞いに来るかもしれない。人によりますが、同室の入院患者に気を遣ってしまう人もいるかもしれません。安心して療養したい、それは切実なニーズです。また、資生堂はトランスジェンダー向けのメイクアップ教室を開いたそうです。これも当事者のQOL[※1]向上に非常に効果が高いと思います。

また、戸籍上の性が女性で、性自認が男性という「トランスジェンダー男性」で、定期的に男性ホルモンを摂取している人もいます。男性ホルモンを摂取すると油分が増えて、脂性肌になる人が多い。女性用の洗顔料を使えばいいのか、男性用の洗顔料を使えばいいのか？　これも切実なニーズです。このニーズに応えようとすることで、新たな基礎化粧品ができるかもしれません。また男性ホルモン摂取によって頭髪が薄くなる人もいます。育毛剤やウイッグへのニーズだって考えられます。

お客さまと直接つながる売り場も工夫しなければいけないかもしれません。メンズの売り場、レディースの売り場はある。でもトランスジェンダーにとって、どちらの売り場も利用しづらい場合があるので、どのような売り場なら誰もが安心して買い物ができるのか。ここにもまた潜在的なニーズがあるはずです。

すでに活況を呈しているLGBTブライダル市場

こうしたLGBTマーケットとして、最も見えやすいマーケットの一つが、ブライダル市場でしょう。いま、「LGBTの結婚式に対応します」「同性カップル歓迎」というホテルや結婚式場が増えてきています。私たちのアンケートによれば、LGBT当事者のうち、パートナーがいるという人は、半分ぐらいです。さらにその1／4が、パートナーと3年以上一緒に住んでいます。自治体や企業の取り組み、理解の広がりにともなって「せめて結婚式だけでも」と考える当事者は増えているのではないかと思います。

ただ、結婚式ができるのは、友だちや家族にカミングアウトして受け入れられている人がほとんどでしょう。周りにカミングアウトしているカップルは少ないように感じるかもしれません。私も結婚式を挙げることや子供を持つことは、以前だったら考えてもみませんでした。ところが去年は、出席した結婚式がみんな友人の同性カップルの式でした。結婚式といっても、同性同士の結婚は法律で認められているわけではありませんので、あくまでセレモニーです。でも、その結婚式に行ってみたらすごく感動的なんです。異性カップルの結婚式の時はどこか「自分は違う」という感覚を持ちながら、こころにバリアをはりつつ参加していました。でも参加した結婚式は、自然に祝福したいという気持ちが湧き、とてもいい経験となりました。

ＬＧＢＴの結婚式が増えているというのも、多分ほかのＬＧＢＴの結婚式に呼ばれた当事者たちが「こういうのもありなんだ、私たちもしよう」というふうに広がっているんだと思います。だって自分たちが結婚できるとは思ってもいませんし、発想がそもそもなかったわけですから。ＬＧＢＴの結婚式に呼ばれたのがきっかけとなり、新しいマーケットが生まれ、広がりつつあるのです。

こうした新しいマーケットの創出は、個に焦点を当てたがゆえに生まれつつあるものだと思います。一般的な通説では「男性は力が強い」といいます。平均値や中央値で見ると、男性は力が強いというのは正しい。でもアスリートだったら、平均的な男性よりずっと力が強い女性もいるでしょう。私たちはどうしても平均値で考えてしまいがちです。約5％と推計されるＬＧＢＴのことを考えようとしたら、平均値から見るのではなく、もっと個に焦点を当てなければいけません。これはＬＧＢＴのみならず、他分野のマーケティングにもヒントになるように感じています。また、マーケティングそのものも、男女別にしたデータに基づいている部分がありますよね。お客さまアンケートも多くは男女の性別欄を設けています。

私は、せめて「その他」欄を設けたほうがいいように感じています。というのも、男女の性別欄のいずれかに丸をつけない人は、一定数いるはずだからです。その人がＬＧＢＴ当事者とは限りませんが、性別欄の丸がないためにチェックをせずに、データからはじいている企業もあると思います。そのはじいたところに、もしかしたらなにか大きなヒントがあるかもしれません。

いま、企業の人事やダイバーシティ部門の人がＬＧＢＴ施策に熱意を持って取り組んでくださっています。この動きは、企業が停滞感を抱いているという現状もあるのではないかと思います。男性の中にも女性の中にも、様々な人がいて、そこに様々なマーケットがあるという発想は、ＬＧＢＴイシューに取り組んでいると、ごく自然に出てくるんです。これはマーケティングのみならず、なんらかの社会のブレークスルーにつながるんじゃないかと感じています。

※1
Quality of Life（クオリティ・オブ・ライフ）、個人の人生の質や生活の質のこと。

第8章

LGBT視点のマーケティング事例

これからの社会の新基準とも言うべきダイバーシティ社会。これまではこの象徴たるＬＧＢＴから考察することで、その可能性を探ってきた。先行企業はどう取り組み、どんな課題をクリアしてきたのか。この章では、すでにこのセグメントへの働きかけを始めている四企業にその狙いとアプローチを聞いた。

事例① ライフネット生命保険

経営戦略本部経営企画部マネージャー 川越あゆみさん

営業本部営業企画部 小俣剛貴さん

以前からユニークな保険商品を打ち出し、新たな保険マーケット開拓にも先駆者的な役割を果たしているのがライフネット生命。２０１５年には死亡保険金の受取人指定範囲を同性パートナーにも広げたことで話題となった。同社はダイバーシティ・マーケット参入のヒントを、「人々にフェアなサービスや商品の開発にある」と語る。

――他社にさきがけ、2015年11月に施行された「同性パートナーの死亡保険金受取人指定」が、ダイバーシティを語るうえで高い評価を受けています――

施策として考え始めたのは、サービスを開始した11月から起算して2年以上前であり、検討には長い時間をかけています。と申しますのも、当社は生命保険会社として、顧客保護の観点から様々な規制やルールに従う必要があります。またリスク検討や、上場会社のビジネスとして資するのか否かという論点もあります。そういったことを2年以上かけて検討してきました。

課題は大きく二つありました。一つ目は、パートナーであることをどう確かめるのか、関係性の証明が難しいことでした。たとえば、第三者を死亡保険金の受取人にすると、いわゆる「保険金目当ての……」というリスクや、詐取されるリスクが高いのではないかという点です。無論この点は、LGBTの例に限らず、誰か第三者を指定する場合には必ず指摘される懸念です。独り身の高齢者が、ずっと介護をしてくれた血縁のない人に受取金を残したい、という例がそれにあたります。こうした場面でも、リスクはたびたび指摘されています。

二つ目の課題は保険金請求時の問題です。パートナーが亡くなった、いざ保険金の請求をしようという際に、その死亡の事実を確認し、死因に不審な点がないかなどをチェックすることは、生命保険会社が適切に保険金をお支払いするためにとても重要なことです。たとえば、自殺による死亡の場合は、契約後ある一定の期間は保険金が支払われませんし、加入の際に疾患があるとわかっていたら、それが原因で亡くなった場合は原則として保険金が支払われません。死因などをきちんと証明してくれるのが医療機関等で発行される死亡診断書ですが、はたしてそれを医療機関が渡してくれるだろうか——？　と。

日本ではまだ法的に認められていない同性のパートナーは、厳密には家族ではない第三者という扱いでしょうし、診断書は個人情報でもあるので、それを理由に〝第三者〟には渡してもらえない可能性があると考えたのです。この二つが、検討の際の主な課題でした。

——それら課題をどうとらえ、施行を決断されたのでしょう？——

〝第三者を受取人にする〟というリスクについては、突き詰めて考えれば、同性カップルは、いくらお互いを伴侶だと認め合っていても、今の日本の法律では法的な関係性が確立できない状況にあるから生じるのだと考えました。だから私たちは、新しい家族のかたちとして扱うことにしたのです。

一つの考え方として、異性間の事実婚でも同様のリスクはあります。さらに極論すれば、関係性が明確な血縁者や婚姻関係にあるほうが保険金を受け取る条件は安定しており、故殺のリスクについては、パートナー間の法的な関係性から単純に判断することは必ずしも簡単ではありません。このような経緯から、同性間だけを特別扱いすることはないという結論に達しました。

保険金請求時の問題については、長い調査と検討を要しました。当社としての対応は、同性パートナーを死亡保険金の受取人に指定される場合には、住民票と当社所定の確認書を提出していただくこととしました（図表8―①）。この確認書は「この人がパートナーであり受取人に指定する」と意思表示していただく形式です。両名の印鑑を押印していただき、他者による証明は不要としています。必要な際は正当な受取人であることを医療機関等に対して保険証券とこの確認書をもって示し、当社が合理的な範囲内でサポートをします。

図表8－①：パートナー関係に関する確認書

[要提出書類]
この書類の
ご提出方法

パートナー関係に関する確認書

ライフネット生命保険株式会社　御中

甲および乙は、双方が合意のうえ、婚姻関係に準じた共同生活を営んでいます（以下、「パートナー関係」といいます。）。また、甲および乙は、双方が合意のうえ、今後もパートナー関係を継続して営んでいく意思を有しています。

甲は、甲が契約者および被保険者となる下記保険契約に関し、乙を死亡保険金受取人および指定代理請求人として、またはそのいずれか一方として指定するにあたり、以下の取扱を確認のうえ承諾します。

- 乙が保険金等の請求手続きを行うにあたり必要となる診療情報を含む甲の個人情報を、貴社または関係機関が、乙に対し、提供すること。
- パートナー関係が解消した場合、甲は、死亡保険金受取人または指定代理請求人を乙以外の者に指定変更すること。死亡保険金受取人または指定代理請求人の指定変更をしない場合、貴社は、甲乙間のパートナー関係が継続しているとみなすこと。

なお、保険金等の支払事由が発生した場合には、死亡保険金受取人または指定代理請求人に指定されている乙が、保険金等の請求手続きを滞りなく行うことができるよう、貴社においても、各関係機関からの各種証明書等の取得に協力していただくようお願いします。

甲は、各関係機関が、乙または貴社の求めに応じて、乙または貴社に対し、①保険金等の請求手続きに必要な各種証明書等の発行および交付に同意するとともに、②保険金等の請求手続きに必要な協力をしていただくことを求めます。

記

甲【契約者・被保険者の方が自署・捺印（スタンプ印は不可）してください】

記入日　西暦　　年　　月　　日
住　所
生年月日　西暦　　年　　月　　日
氏　名　　　　　　　　　　　印

乙【受取人・指定代理請求人の方が自署・捺印（スタンプ印は不可）してください】

記入日　西暦　　年　　月　　日
住　所
生年月日　西暦　　年　　月　　日
氏　名　　　　　　　　　　　印

対象となる保険契約

定期死亡保険（無配当・無解約返戻金型）　（証券番号　XXXXXXXXXXXX）
終身医療保険（無配当・無解約返戻金型）(2014)　（証券番号　XXXXXXXXXXXX）

以上

出典：ライフネット生命保険

この確認書については、実は社内でも議論になりました。というのは、同性パートナーシップに関して、2015年に渋谷区や世田谷区で大きな動きがあったからです（渋谷区が10月から同性パートナーの証明書を発行、世田谷区が11月から宣誓書の受け付けと受領証書の発行を開始したことを指す）。当社としては、〝自治体の証明書をもって安定したパートナー関係と認める〟、すなわちそれをお申し込みの条件にするという方法もあったと思います。実際、その対応を取られた保険会社もあります。でも、結果的にそうはしませんでした。

理由としては、自治体ごとに証明書の内容に差があったからです。たとえば、渋谷区は同性パートナーシップ証明を取得するために公正証書が必要で、取得するのに金銭面を含めてハードルがあります。一方、世田谷区は比較的簡単で、両名が「パートナーであると宣誓します」というと、「宣誓を受け取りました」という証明書を出してくれる。このように、自治体によって取得条件に差があるのです。

渋谷区も世田谷区も、主旨に基づきメリット・デメリットを検討した結果のモデルであり、それぞれ素晴らしいのですが、今後、同性パートナーを認める自治体がどんどん増えてきて、条件に濃淡があるとなると、保険会社としては「ここの自治体は受けられますが、ここはダメ」等、区別をしなければならなくなります。社内的にコストがかかるし、なによりもお客さまにとって不便です。

さらに大きい問題点は、〝その区に住んでないとダメなのか――？〟という問題です。私たちは特定の居住地の住人に向けて保険を提供したいのではなく、全国の人に対して提供したいのに、結果的に自治体で区切らなければならなくなります。全国のお客さまにどのように保険を届けるのがベストかと考えた結果、こういうかたちになったのです。

――同性をパートナーとして認めるということに対してのレピュテーションリスクは考えなかったのでしょうか？――

ある程度は考えましたけれど、私たちは、望むかたちで保険が届いていない人たちに届けようとしているだけで、いわば当然のことをしているだけです。ビジネスですので、もちろん理念や想いだけで判断しているのではありませんが、当社としては、フェアに、様々な生き方に寄り添いたいと思っています。これまでもダイバーシティは大切にしてきました。当社のＷｅｂサイトをご覧になっていただければ、シングルペアレント向けや、寝たきりになったときに月々定額を受け取る就業不能保険など、多様な生き方をサポートする保険商品を販売しているのがおわかりいただけると思います。

ですから今回の「死亡保険金の受取人を同性パートナーに指定」も、特別扱いしたわけではないのです。誰も特別扱いしないけれど、誰に対してもフェアにしたい。今まで保険商品が届いていなかった人にも届けたい。それだけのことです。サービスを発表した際、「こういうことをする会社ではないと思っていた」といったご意見をごく一部いただきましたけれど、ポジティブな反応はその何百倍もありました。当事者の方々を中心に「ありがとう」「よくやってくれた！　やっぱりライフネットだと思った」などのお声をいただきました。

――ではこのサービスを利用されている方は実際には何名いるのでしょう？――

正確には申し上げられないのですが、１００件ほどといったところです。少なくはないと思います。そのなかには当社の保険にもともと加入していて、受取人を両親にしていたけれど、実は同性のパートナーがいるので今回パートナーに変更したい、という方もいらっしゃいました。ただ、LGBT当事者の方もそうですが、非当事者からの支持も大きかったのが特徴です。「(マイノリティの方を尊重する)ライフネットに加入していて良かった」という声や、当事者でも契約者でもない方から、「こういうサービスをする会社なら自分も加入しようかなと思っている」というお声もいただきました。

生命保険は、一旦契約してしまうと「日々役に立っている」とか、「入ってよかった」という実感をなかなか持ちにくい商品です。今回のサービスを始めたことで、一定の方に「この保険会社を選んでよかった」と言っていただくことができた。

生命保険はそもそも「入ろう」と思ってからすぐ申し込む人は多くありません。ご契約いただいた方のアンケートを見ると、「何年か前テレビでみていいなと思っていた」とか、「何年か前に講演で見かけた」「何年か前に誰かが〝あそこの保険はいいよといっていた〟」などが多いのです。ですから今回のことは「あの会社はちょっと違うんだ」と、いい意味での心のひっかかりに、つながるかもしれないなと思います。また非当事者であっても、マイノリティに共感する方、社会的なフェアネスを大事に思っている人たち、特にアライといわれる人たちへのブランディング的な影響は多少生み出せたかもしれません。

――しかし考えてみると、数十組の加入のために相当なリソースを割いているように感じます――

たしかに導入の際は検討に時間もコストもかかりましたが、仕組みに落としてしまえば、オペレーションのコストはそれほどかかりません。むしろ先ほども申し上げたように、当事者、非当事者の皆様の賛同を得られたというのが、非常に意味のあることだと思っています。またこの件に関しては、メディアからの問い合わせが250近くありました。これは当社が2008年に開業したときより多い数です。それを見て、社員である私たちが、「こんなに嬉しい声をいただける」とか、「こんなに反響がある取り組みをしているのだ」ということを、目の当たりにするわけです。それらは結局社内全体に返っていきます。お金だったり大きなビルを建てたりするよりも、働きがいや、やりがいに大きな影響を与える有意義なことであると感じており、そういうインセンティブは、たしかにあるように思えます。

——今後、ダイバーシティ・マーケットが一気に加速したり活性化したりする可能性についてはいかがでしょう？　今後有望なマーケットであると見ていいでしょうか？——

性的マイノリティに関しては、世代間の意識の差が非常に顕著です。アメリカ発の調査ですが、日本人の同性愛に対する許容度は10～20代で83％と比較的高く、他の先進諸国と変わりません。30～40代も71％の人が「許容する」と答えていて、許容度に落ち込みが見られるのは50代以上です（図表8―②）。

10代から20代の若者を集めたあるリサーチでは、性自認について尋ねたところ、「わからない」とか「決めたくない」、あるいは「性的なことにあまり興味がない」など「その他」と答えた人が2～3割いたそうです。驚きました。もう異性愛と同性愛、両性愛だけじゃない、「超」グラデーションですね。思春期の延長で揺れているにしても、性自認や性的指向について、非常にオープンで多様化してきたことを感じました。

またＬＧＢＴに関しては、日本でもじわじわ認知というか、関心が寄せられていますよね。アメリカでＬＧＢＴの問題について一気に潮目が変わったときというのは、裁判などで権利を主張

図表8－②：同性愛への許容度

世代により許容度は異なるが、20～40代では、日本人の約70-80%が許容しており欧米諸国なみ

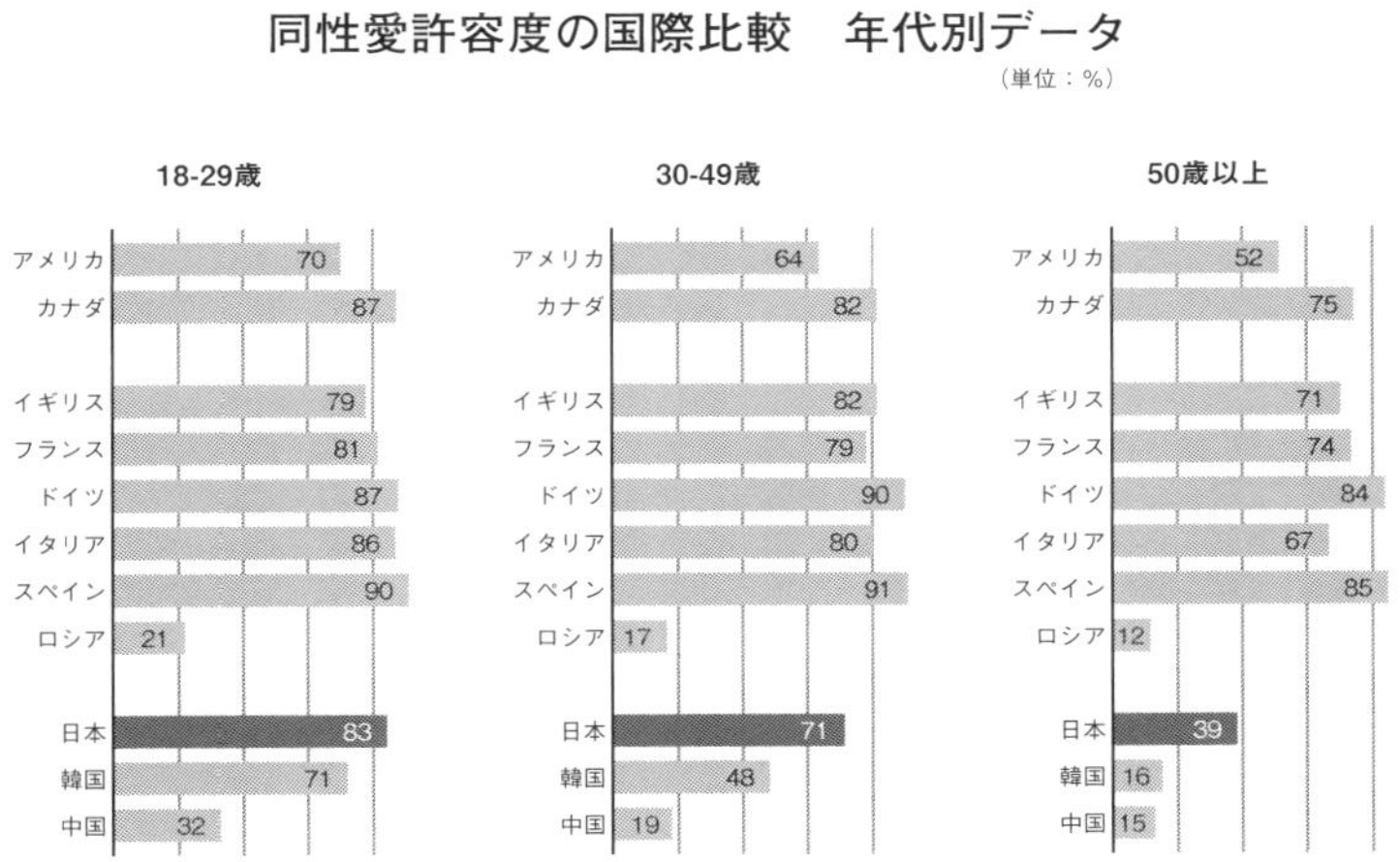

出典：ピュー・リサーチセンター（アメリカ2013）

し、拮抗してつかみ取ってきたという構図に見えます。戦って勝ち取るわけです。一方、日本の場合は雰囲気や土壌が少しずつ醸成されていくようなスタイルだと思います。つまり〝なんとなく〟ではあるものの、社会が受け入れだした。それを大多数は様子を見つつ、様子を見ていたらどんどんマジョリティになっていき、結果的には多くの方が「そういう人もいるよね」「同性婚だっていいいんじゃない」となっていく。日本ではそのように潮目が変わっていくのではないだろうかと感じています。

――最後にダイバーシティ・マーケットを考えようとされている方、特にLGBTを意識されているに企業に、先駆者としてアドバイスをお願いします――

当社はたまたまこういうサービスになりましたけど、単にLGBTと括ってみるのもどうなのかとは思います。LGBT向けとされるだけで嫌だという当事者はきっといらっしゃいます。自分はLGBTでない顔も持っているのに、なぜそちらのほうばかりクローズアップされるのか、と。たとえば、ピンクの器に入れたちょっとヘルシーなおかずをまとめたレディースランチが好きではないという女性だっていると思います。女性だからとステレオタイプに、〝ピンクが好きで野菜いっぱいだとうれしいでしょう?〟みたいな押しつけはどうかな、と。

顧客セグメントはその方をどの一面で切り取るかで変わります。LGBTというセグメントであることも、その方の一部ではあるけれど、すべてではないはずです。そう考えれば、選択肢を増やすということがダイバーシティ・マーケティング参入の基本となる考え方ではないかと思います。

つまりどういう方たちがいて、その方たちは今なにに困っているのか——? 今回は死亡保険の受取人を同性のパートナーに指定できないという事実があって、受取人にしたいというニーズは、数は少ないかもしれないけれども確実にあった。そういうニーズがあったからこそ、そこをどうにかフェアな扱いができないだろうかと検討をし始めた。それであれば、異性の事実婚の方たちの加入は受けていたわけなので、それを準用して使ってもらえますね、と。

ニーズがあったことを真剣にやってみたら、たまたまそれを見てくださったLGBTや非当事者の方たちの中に、「こういう取り組みしているからライフネットに入ろう」と言ってくださる方もいたのだろうと思いますし、自分は同性パートナーがいるけれど受取人にはしないという人もいらっしゃるわけです。同性パートナーを指定したい人がいるのでこのようなサービスをつくりましたけれど、ＬＧＢＴとして一括りにすることなく、選択肢を提案することが大切だと考えています。

事例② ラッシュジャパン

エクスターナル リレーションズ PRマネージャー 小山大作さん

LGBT支援をマーケティングともCSRとも切り離し、企業フィロソフィーとして徹底させているのがLUSHだ。化粧品各社がLGBTを未開拓の市場として注目し始めるなか、この層にいち早く着目するもののあえてビジネスとは切り離し、基本的人権の支援として純化することでかえって自社のブランドアップに成功している。

――LUSHといえば、2015年に行われた『WE BELIEVE IN LOVEキャンペーン―LGBT支援宣言―』が話題となりました――

LUSHのセクシュアルマイノリティの方に対する支援は、実はこれが最初ではないんです。

そもそもの始まりは2013年9月で、ロシアで〝反同性愛法〟が可決されたときに、全世界のLUSHが連携して行った抗議活動が最初の支援でした。このときは店舗で署名活動を行ったり、ツイッターを活用した反同性愛法に異議を唱えたりするアクションへの参加を呼びかけ、2014年のバレンタインデーの際にも同様のキャンペーンを行いました。それから2015年、今年はなにをしようかと考えたとき、ロシアは遠い国ですし、日本人の私たちにとって人ごととしか思えないという人もいた。だったら今度は日本に目を向けようじゃないかと。こうした経緯で虹色ダイバーシティなどの団体の方たちに話を伺うと、日本の自治体に、セクシュアルマイノリティの方たちに配慮した施策をとっているところがあることがわかったのです。

それで全国に約140ある店舗にボードを用意しまして、こうした自治体にもっと頑張って欲しいと思う方、私たちの考え方に賛同してくださる方は、ハートマークを描いていただくということを行ったのです。このハートマークの数とオンライン署名サイトの賛同者数、あとツイッターでハッシュタグをつけて、LGBT支援宣言と投稿を拡散してくださった方の数。この三つの合計を賛同の声とさせていただき、LGBT支援の施策を行っていた北海道札幌市、東京都の世田谷区・豊島区・中野区、愛知県名古屋市、大阪府大阪市淀川区、沖縄県那覇市にお届けしたのが、2015年のキャンペーンのあらましです。

――2013年と言えば、LGBTという言葉が今ほどポピュラーではありませんでしたね。いち早く行われた支援活動には、どういう背景や考え方があるのでしょう?――

LUSHはイギリスで生まれ、日本では2016年に17年目を迎えた化粧品ブランドで、新鮮なフルーツや野菜を原料に、手づくりで商品をつくっています。こうしたビジネスを展開するうえで、創立者が当初よりずっと抱いている信念があるのです。私たちは化粧品ビジネスを行っているわけですが、「これは悪いこと」「これは正しいこと」といった個人が持つ倫理感は、組織となったとしても決して変わるべきではないというものです。

地球上には様々な課題が存在しています。こうした課題を少しでも解決して、この地球上で、人と動物、自然環境を含め、すべてがハッピーな状態で共存できるより良い社会を目指すのが、法人としての責任でもあると考えています。それを踏まえて、当社では人・動物・環境をテーマに、ビジネスを通じて社会に存在する様々な課題を解決するための変化を起こすという活動も行っています。LGBTを始めとするダイバーシティを意識した取り組みも、その一部という位置付けです。

図表8－③：同性間のパートナー登録申請書

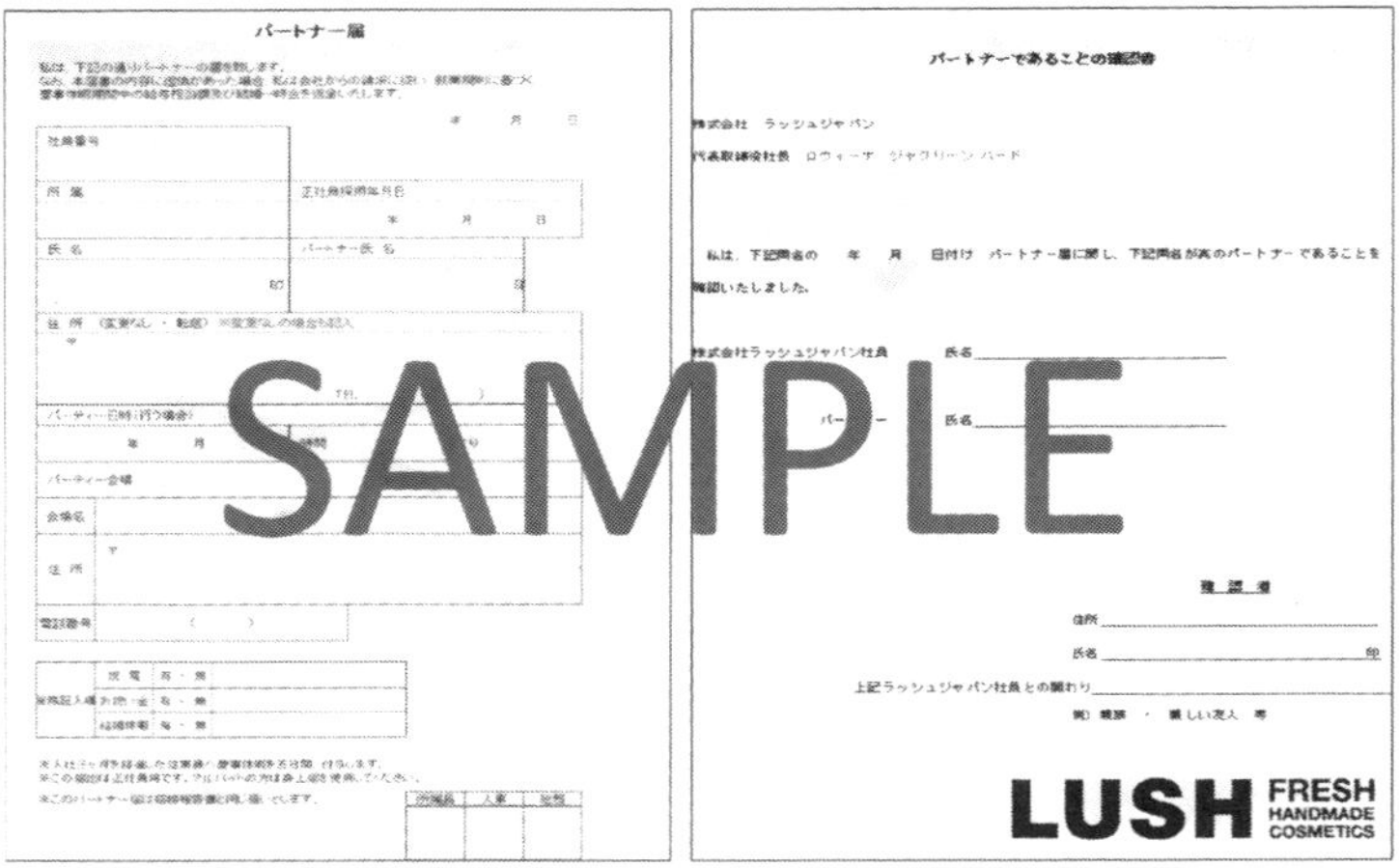

出典：LUSHジャパン

最近よく聞く言葉にＣＳＲがありますし、そうした部署もあると思いますが、私たちのＬＧＢＴ支援はＣＳＲの活動ではないですし、マーケティングを目的としてやっているわけでもありません。一般的に、ＣＳＲをやってらっしゃる企業にはそれぞれビジネスが土台にあって、そのビジネス活動のなかで社会に貢献できることをするというのがＣＳＲだと思います。私たちがやっていることは、むしろその反対で、エシックス（倫理観）がビジネスの土台にあり、私たちのすべての原動力になっているのです。ちなみに、そうした社会変革を起こす活動の一つとして、社内でのＬＧＢＴ支援を行っています。２０１５年の1月23日、私たちＬＵＳＨジャパンが対外的にＬＧＢＴ支援宣言をしたと同時に、社内的にもＬＧＢＴ支援宣言をしようということで、そのタイミングで人事制度も変えました。

これは大きく三つありまして、一つは同性間のパートナー登録の開始です。２０１６年時点では、日本で同性婚は認められておりませんが、会社の制度としてセクシュアルマイノリティのカップルをパートナーと認めることによって、異性間の婚姻時に付与される福利厚生と同等の内容を、同性婚の当事者にも提供することにしました。これはそのための申請書のサンプルですが、二種類ありまして、一つは社員とパートナーの方に書いていただいて、この二人がパートナーであると証明する申請書。もう一つはその二人がたしかにパートナーであると第三者に証明してもらう用紙です（図表8—③）。ご家族はもちろん、カミングアウトしていない社員への配慮として、友人を含めて、二人がパートナーであると認めてくれるもの二種類を会社に提出してもらえれば、会社として認めるという内容です。

この制度、実はまだ利用者がいませんが、当事者の意見を聞いていると、「タイミングが来たらぜひ使いたい」と。ジェンダーに関係なく、結婚は縁あってのものですので、そういうタイミングになったらぜひ使いたいという声を多く聞いています。会社の理解があることで、余計な心配をすることなく、仕事に集中することができるというところがありがたいという声もありますし、この福利厚生の中で、「介護に関する項目がなにより助かる」、という声もありました。パートナーや本人、パートナーのご家族になにかあったときに、カミングアウトしていない方は休みづらい。そうすると本当に仕事のバランスがとれなくなる。もともと国の法定で決められている最低3カ月間の休業が取れるというのは、ものすごく助かるということです。

二つ目は採用時のリクルーティングポリシーに、差別禁止を盛り込んだことです。弊社のホームページの採用情報のページに、LUSHでは年齢・国籍・人種・障がいの有無、宗教とともに、「性的指向や性自認等によって差別をしない採用活動をします。」という一文を盛り込んで、厳守しています。

三つ目は、採用時の書類から性別を選択する欄をなくしたことです。弊社ではリクルーティング時にインターネット上から応募していただくことも可能ですが、そこには性別の選択欄を設けていません。スタッフには男性もいれば女性もいます。実際には女性スタッフのほうが多いですが、応募いただく方が女性のほうが多いのと、その中で私たちが求めるスキル設定にマッチしたということでたまたま女性が多いという状況にすぎないのです。

――では御社では、今後もＬＧＢＴ支援をフィロソフィーとしてさらに徹底することはあっても、マーケットとして見ることはしないということでしょうか？――

弊社は広告も出稿していませんし、もともと会社として「過度なマーケティング」をしないというのが根本にあるんです。私たちも営利を目的とした企業である以上、利益が上がることで持続的なビジネスを行い、ひいては様々なエシカルの取り組みも行うことができる、と考えています。ただ、ブランドイメージを上げる目的や、マーケティングとしてＬＧＢＴの方々向けにこういったことをやっているのではなく、本気でなにか変化を起こしたいと思っている会社なんです。2015年6月には、世界75ヵ国で同性愛が法的に禁止されていることに対し、世界中のLUSHで『#GAY IS OK』と描かれたソープを販売し、売り上げから原価を抜いた全額約5000万円をLGBT支援の活動をしている草の根団体に寄付しました。

LUSHがLGBT支援をマーケットとしたことはこれまで一度もないのです。仮にマーケットとして見、積極的に進出するつもりだったとしたら、それこそLGBTに受け入れられるような商品開発をするでしょうし、とっくにやっていると思います。

私たちがやりたいことは、莫大な利益を上げることではないんです。私たちがビジネスを続けられる適切な利益を得るということ、なおかつ社会に存在する課題を解決するための様々な取り組みを行うというのが、会社のフィロソフィーとしてあるんです。先ほど申し上げた人事制度の話も、社内的な話ですから本来は対外的に発表する必要がない内容ですが、あえて発表させていただきました。こういった取り組みを知った企業の、たとえ一社でもいいから考えるきっかけになってほしいと思ったのが最大の理由です。

我々自身、もともと相当オープンな会社であったにもかかわらず、２０１５年まで、会社の制度としてＬＧＢＴの支援ができるということに気づかなかった。問題点が見えていなかったからです。だけど問題点が見えたからには、できることを考えましたし、やりました。オープンな存在であるはずの私たちも、きっかけがなかったら気づけなかったわけです。ですからこうしたことを報道発表することによって、それを見た企業に考えていただくきっかけになったらいいと思ってのことなのです。

――ではそんなフィロソフィーとして純化された施策のなかで、御社が得られるものとはなんなのでしょう？――

ＬＧＢＴも含むダイバーシティ施策というのは、やるメリットよりも、やらないリスクが大きく、得られるものより失うもののほうが大きいものなのだと思います。働きにくい環境にあることで20人に1人いるといわれるＬＧＢＴの人たちが、会社で長く働けないという環境になるかもしれないですし、働きにくい環境が存在することが原因で、仕事に集中できないということがあってもいけない。さらには、これだけ少子化といわれている中で、今後採用時の選択がさらに難しくなってくると予想されます。そうしたなかで、ジェンダーを理由に採用する・しないというのは、非常にリスキーなことだと思うのです。性別で採用するのではなくて、本当に一人ひとりのスキルがどうであるかを判断して採用することこそが、本当の意味でのバランスのとれた優秀な人材を獲得できる方法であり、そういったチャンスを狭めるほうが、よっぽど大きなリスクであると思っているわけです。

またすでに就業している社員にとっては、働きにくい環境があるゆえにパフォーマンスに影響するとか、どれだけ長い間、会社に高い意識をもって働いてもらえるかというところにつながっていく可能性があります。つまるところ、マイノリティが働きやすい組織というのはマジョリティにとっても働きやすい組織であり、マイノリティに働きやすい組織をつくることで、十分に企業の利益になっていると思います。

ただ、企業がＬＧＢＴを重要なマーケットとして認識し、そこに打って出ることを否定する気は個人的にはまったくありません。こうしたサービスや商品が増えることで問題の解決に近づくという見方もあるように思います。実際に、保険とか通信サービスがそうですけれど、ダイバーシティに対応したサービスを提供することで、セクシュアルマイノリティの存在認知にもつながるでしょうし、当事者の方たちが、そうしたサービスの恩恵、生活しやすい環境になることも素晴らしいことだと思います。またマーケットがあることも間違いないですし、そこを目指してビジネスをするということは、両者にとって素晴らしい機会だと思っています。

――接客業ということで、従業員へのレクチャーも欠かせないと思います。どのような研修をされましたか？――

２０１３年の時には、虹色ダイバーシティの村木真紀氏に講師として来ていただき、小売業の中でセクシュアルマイノリティに配慮した接客とはどういうものなのか？ ＬＧＢＴとはなんなのか？ という基礎的な内容も含めてレクチャーしていただきました。

その時に声として上がったのは、「偏見はないけれど、実際に話したことがないので、どういう質問をしたらいいのかわからない」とか、「こんなことを言ったら傷ついてしまうんじゃないか？ それを考えるとなかなか積極的にコミュニケーションができない」など様々な意見が出ました。やさしさがあるがゆえに、なかなか前に進めないという社員が非常に多かったんですね。

ですが研修をきっかけに、講師としてきていただいた方たちが生の声としてどういった課題にぶつかっているという話をしていただくと、固定概念を払拭し、お客さまの外見で判断した会話の仕方や商品のご提案をしないことに配慮するなど、そのお客さまのジェンダーがどうであろうと、好みの香りや色、ライフスタイルをお聞きすることによってその方に合った商品をご提案するという接客の仕方に変わりました。具体的には、女性のお客様から「パートナーにギフトを探している」と聞かれたときに、そのパートナーが男性とは限らないということです。もちろんその反対も言えますけれど。

ただ、こうした接客をマニュアルにすることはしませんでした。逆にマニュアルとしてあえて提供しなかったということもありません。これは最終的にはマニュアルではないというか、ジェンダーを意識するものでもないと思うからです。人としての最低限の思いやりを持って接するということが大切で、そこにマニュアルは存在せず、個人に紐づいた倫理観だと思っています。つまりは人として自然に備わっているはずの、「友だちとは仲良くする」とか、「お年寄りをいたわる」とか、当たり前のことをベースに思いやりの心を持って対応するということが、一番大事なんだと思います。

――最後に、いま現在されている、あるいは今後行おうとしているLGBT支援について教えてください――

実施している施策としては、トイレの改善ですね。新しいビルだと『誰でもトイレ』『多目的トイレ』として、障がいのある方からお子さま連れの方、オストメイトの方まで使えるトイレがありますが、現在の品川オフィスも本社も、ビルが新しくないため男女いずれかのトイレしかありません。それに対してジェンダーを持たない社員から、「標識の男性が黒かブルー、女性が赤、という決まった色に違和感を覚えます」という意見があり、２０１５年11月に変更しました。

しかし、変えなかった部分もあります。標識の色はチェンジしても、女性用トイレにつけられた、スカートを穿いたような女性のマークは変えませんでした。なぜかというと、企業には、外部からお客さまがいらっしゃるケースもあり、そうした方が、どちらか迷わずに入れるということは考えなければいけなかったからです。実はマークの色を決めようとした時点で、スカート姿のマーク自体をやめようという意見も出ました。しかし最終的に行き着いたのは視認性、つまり男性用とか女性用とか、誰もが見慣れている標識を使い、誰もが迷わずに利用できるというのもダイバーシティを考えるうえで必要ではないか、という視点です。こうした考えのもと、いまの私たちのビルの環境の中でできる最善策ということで、マークは変えずに、色だけを変えたんです。

こうした問題については、いろんな会社がトライ&エラーを繰り返し、「これがベストだね」と思えるものが出てきたら、それが標準になる可能性があると思います。こうした点は、日本よりも欧米のほうがいろんな意味で進んでいると思いますし、それを見て「学ぶところは学ぶ」というのも大いにありだと思います。ただ、それをいかに日本という文化に落とし込めるか——。日本人のメンタリティの中でどう受け入れられるかを考えたうえで行うというのは、非常に大事なところだと感じています。

事例③ ネオキャリア

経営企画部 LGBT担当マネージャー
山野弘司さん

LGBTの認知度が高まるにつれ、ダイバーシティ・マーケティングは様々な分野に広がり、これまで考えられなかった業種も進出し始めている。転職支援もそんな業種の一つ。LGBTのキャリア支援専門の部署を設け、この分野にいち早く参入したネオキャリアは、「アライ」姿勢なき企業は、人材を流失すると警告する。

――御社はいち早くLGBTの転職支援に参入されましたね。この経緯と概略についてお聞かせください――

弊社がこの分野に参入したのは2014年の7月からです。『2CHOPO(にちょぽ)』というＬＧＢＴの方に向けた、住居や飲食店などの情報を提供するポータルサイトがあるのですが、こちらのサービスを運営している企業から「求人に関する問い合わせが毎月何件か来る」という相談がありました。もちろん２ＣＨＯＰＯさんでも、独自でコンテンツを設置するか、他の企業と提携するかという議論もあったようですが、元々お取引をさせていただいていた経緯もあり、アライアンスを組んでサービスを開始しました。

当初は『ワイルドカード』というネオキャリアの子会社にてサービスを始めましたが、２０１５年に本体であるネオキャリアに運営を移管しました。ＬＧＢＴの方々が転職を考えられる際にはネオキャリアにてご相談を承っており、月間で約１００名、合計で２５００名程度のエントリーをＬＧＢＴの方々よりいただいております。〝月間で１００名の方がエントリー〟と言いましたが、〝転職〟支援のサービスを提供しておりますので、あくまでも社会人としての職務経歴がある方が対象となります。しかしながら、タイミングや時期によっては就業経験のない方や、学生などもエントリーされていますので、１００名全員がキャリアのある方ではないのが現状です。

エントリーいただく職種に関しては様々でして、管理部門やバックオフィスでの経歴をお持ちの方もいらっしゃれば、営業職・エンジニア・デザイナーなどのご経験をお持ちの方もいらっしゃいます。そういった意味では、ＬＧＢＴに対応していない他の人材紹介会社と職種などの内訳は変わらないかもしれないですね。セグメントとしてＬＧＢＴに特化をしていますが、ご紹介する企業や求職者の方の職種を絞るということはございません。求職者のご希望も多岐に渡っており、商社で海外プロジェクトにずっと関わっていたという方もいらっしゃいました。

――「毎月１００名の登録者」というのは、どういう数字でしょう？　多いですか？　少ないのでしょうか？――

日本国内にいるとされている割合を鑑みると、「これくらいなのかな」というのが感想です。ただ、一般的な人材紹介業を展開されている企業には月間１万人単位で接点がありますので、転職を希望される方のマーケット全体からすると、そこまで多くはない人数だと思います。ＬＧＢＴに関する転職支援の実績についてはは公開していないのですが、ＬＧＢＴ非当事者を対象にしている人材紹介会社の実績割合（成約率／転職が決まる率）とは、それほど遠くない割合だと思います。

「ＬＧＢＴの方も分け隔てなく採用をします」というスタンスの企業は、ＩＴ系や、ベンチャーに多いように感じます。まだ会社設立からそこまで時間が経過していないということもあるとは思いますが、業績が昨対比で倍という会社や、実力のある人であれば積極的に採用するという会社に多いですね。また、実際に当事者の方がお話しになられていたのですが、40代以上の社員が多い企業だと偏見があることが多いそうです。平均年齢が30歳程度の企業ですと、社員やその知人、友人に当事者がいらっしゃるケースもあり、日常での接点が多いことから、あまりネガティブなお話は聞きませんね。反対に、すでにベンチャーやＩＴ企業の中で働いていらっしゃるＬＧＢＴの方が転職を考えている、というお話はあまり聞かないですね。社内でご自身がＬＧＢＴの当事者であることをオープンにされており、社内でもそれが認知されているというケースが多いからだと思います。

――キャリア支援を行う企業として、ＬＧＢＴというセグメントについて聞かせてください。魅力あるマーケットでしょうか？――

ＬＧＢＴの方を対象とした商材やサービスをラインナップとして保有する企業がまだまだ日本

国内では多くないのが現状です。ただ、このようなサービスや、商材などが開発され、ビジネスチャンスになるとわかれば、市場も形成されていくので、ＬＧＢＴの方を採用したいという求人ニーズも発生してくるのではと考えています。そうなるとＬＧＢＴをセグメントとしたサービスも、もっと成長していくのではないかと考えています。

いま当社のサービスが果たす役割は、転職の際の緩衝材のようなものだと思います。ご自身で転職活動をされていらっしゃるＬＧＢＴの方は、「ＬＧＢＴの候補者を採用したいです」というスタンスの企業に、どのタイミングでＬＧＢＴであることをオープンにするのかという点を結構気にされているようです。私どもが間に入ることでこの点をクリアにすることができると思います。ＬＧＢＴの当事者の方々にとっては、こうした心的負担がクリアになるのは、いくぶんか気が楽になるのではないでしょうか。

今後、日本国内の企業の中でＬＧＢＴの方々に関するリテラシーや、認知度が上がっていくと、弊社としてのアクションももう少し変わってくるのかなとは思います。また、ＬＧＢＴの方々とのやり取りを重ねる中で、当事者の方から、「こういうサービスがあったらいいのにね」というご要望やニーズなどは耳にしますので、ＬＧＢＴの方を対象とした商材なりマーケティング活動なりがもっと盛んになっていくと良いなと思っています。

――ＬＧＢＴの方々が転職を考えるきっかけはどんな時でしょう？　また転職に成功するコツはあるのでしょうか？――

現在、勤めていらっしゃる会社内で、ご自身がＬＧＢＴの当事者であるということを言える・言えないが転職のきっかけになっているケースが多いかもしれません。以前お会いした30代男性、入社8年目の方は、勤務先の上司や同僚から「結婚しないの？」というような話題が日常的によくあり、転職を考えるようになったということでした。また、別のケースではお勤めの会社には海外の拠点もあり、そのプロジェクトを希望する場合、選考基準に結婚していることが条件という規定があって、そのため類似の事業を展開している他社に転職をしたいという相談もありました。

転職成功のコツですが、男性、女性、ＬＧＢＴの当事者であるという点はまったく関係ないと思っています。転職活動において、これまでにどんなキャリアを形成してきて、今後どんなキャリアを描きたいのか。また、それがなぜ現在の職場では達成することが困難と考えているのか、それが転職希望先の企業に入社することで、なぜ解決でき、また採用する企業側にどんなメリットを提供できるのか。この部分について誰が聞いても納得のできる整合性が面接では必要です。

事例④　ホテルグランヴィア京都

営業推進室　担当室長

池内志帆さん

どこよりも早くLGBTを明確にターゲットとした商品を打ち出し、同性婚マーケット開拓の先駆者とされているのがホテルグランヴィア京都。他社に先駆けることのインパクト、宣伝効果とともに、いち早い取り組みこそがブランディングにつながると語る。

――まずは御社の同性婚パッケージについて教えてください。同性カップル向けウエディングプランとして、日本初の試みだったそうですね――

はい、弊社より以前にも同性カップルのご婚礼を受け入れていらっしゃるホテルや施設はあったのですが、プランとして販売を開始したのは弊社が初めてでした。このプランは、お二人で3

泊4日77万7000円（2016年度料金）で、衣装やメイク、式を挙げていただく春光院（京都市右京区）までの往復タクシーなどはもちろん、朝食や婚礼の日のお祝い会席（料理）もついたうえで、セミスイートに3泊していただくというものです。

当プランのリリースは、2014年3月のことでした。営業推進室には様々なグループがありますが、私が軸足を置いているものに「海外マーケティング」と「接遇」があります。前者に関してしては2003年に立ち上げておりまして、その目標は、インバウンド強化のために海外の旅行会社等との取引を広げていくということ、弊社の国際的な認知力を高めていくことです。そしてこの業務の中に、海外の旅行博や、旅行見本市に出展するというものがございます。

私どものホテルの外国人キー顧客は、アメリカが最も多く、ヨーロッパ諸国の合計とほぼ同じ割合で、これらの国と地域で海外からの宿泊者の約6割を占めています。当然、メインの顧客であるこれら欧米のマーケットを非常に重視していたのですが、欧米の旅行博等に行ってみると、もう十数年前から「LGBTツーリズム」という市場が注目されておりまして、私どもも2006年に、IGLTA（International Gay & Lesbian Travel Association／LGBTの旅行者が安心して滞在できる滞在先やツアーをサポートする国際組織）に加盟しております。ちなみに弊社が日本の企業としては初めての加盟企業です。

世界各国からのＬＧＢＴ旅行者に対して、〝当社はＬＧＢＴフレンドリーホテルです〟という告知にもなりますから、ＩＧＬＴＡのホームページにリスティングをすることから始めました。しかし、当時は特にこちらからアグレッシブに商品をつくったり広告を出したりということは行っていませんでした。それが一転、この同性婚プランをつくるきっかけとなったのは、２０１３年にシカゴで行われたＩＧＬＴＡ年次総会への参加が契機でした。

毎年1回、加盟メンバーが世界各国から集結する年次総会が行われるのですが、２０１３年は協会設立30周年の記念総会がアメリカのシカゴで開催されました。この大会に、当社の他、東京のホテルや京都の旅館、旅行会社などの計5社14名で「チームジャパン」として出席したのです。それまでにも年次総会に参加した日本のメンバーはいたのですが、チームとしてまとまった形でブース出展を行ったのは初めてでしたので、主催者であるＩＧＬＴＡ本部からも、他国の参加者からも、大きな歓迎を受けました。

ただ、実際の商談の場でいざフタを開けてみると、参加している各国がＬＧＢＴの旅行者に特化した商品（ゲイクルーズ、プライドイベント[※1]を巡るツアー、ハネムーンパッケージなど）を盛りだくさんに用意されていたことに驚きました。欧米ではそれが当たり前と理解していたつもりでしたが、実際に具体的な商品のパンフレットを目にすると、いかに日本の取り組みが立ち遅れているのかと実感せざるをえなかったからです。

我々日本の参加者はいわゆる一般的なホテルパンフレットばかりで、取材に来ていたメディアも興味は示すのですが、ホテルの情報はネットで見ればいいからと言ってなかなかパンフレットを持っていってはくれません。唯一、東京の旅行会社が作成した「ＬＧＢＴフレンドリージャパン」という見出しのパンフレットには、当時のＩＧＬＴＡ加盟企業が掲載されていましたので、こちらは多くの参加者に持って帰っていただくことができましたが。年次総会に参加して、実際に各国の参加者と商談をしてみると、皆様は「ＬＧＢＴに特化した商品」を求めてきているというのがさらにあからさまにわかりまして、我々はスタート地点にも立てていないと痛感しました。

ＬＧＢＴツーリズムという中で考えた場合、〝ＬＧＢＴフレンドリーなホテルです〟と打ち出していくのはもちろん大切なことですが、そもそもＬＧＢＴのお客さまをきちんと受け入れてお

図表８－④：女性カップルによる和装での挙式写真

出典：ホテルグランヴィア京都

もてなしすることは、ホテル業としては当然のことです。海外からのＬＧＢＴのお客さまに〝日本でも安心して旅行できますよ〟、というメッセージを発信するためにはなにか具体的な商品を造成しなければ、という思いを強くしたことが、同性婚プラン誕生のきっかけになりました。

――婚礼商品を選ばれた理由はなんだったのでしょう？――

なにをしようかといろいろ考えたのですが、私ども京都にあるホテルですし、なにか日本らしいもので、かつＬＧＢＴの方にも訴求力のあるものはと考えた時に、和装での婚礼が一番いいだろうと。もともと神社で挙式する外国人向けウエディングプランを行っていましたが、神道では同性のカップルを認めていないのです。ところが春光院の副住職が同性カップルの受け入れをされていた。仏典を探してもどこにも「同性婚禁止」ということが書かれていなかったということで、それまでにも何組かのカップルの結婚式をされていたんです。私どももホテルとしてのお付き合いがありましたので、２０１３年の７月頃にご挨拶に行きましたら、「やりましょう」と言ってくださった。ですから婚礼プランパッケージ化の働きかけをしたのは私どもなのですが、受け入れ自体はすでに春光院さんがされていて、それを活用させていただいたわけです。

ただそれからが大変でしたね。実際にパンフレットにモデルとして掲載OKというカップルがなかなか見つからず、秋口頃から東京の知り合いに頼んでモデルを探ました。冬前にどうにか男女2組の方々が揃いましたので、年明けの2014年1月にようやく撮影ができました。ちなみに、ご協力いただいた女性カップルは、翌年にハワイでの挙式をすでに決めていらしたので、その前に行う和装での挙式写真での撮影をとても喜んでいらっしゃいました（写真8―④）。

その後、このパンフレットの原稿を起こしたり、全体のレイアウトを校正したりで、ようやく3月の始めに世界で最も大きな旅行博の一つである『ITBベルリン』に、初めてプレスリリースを出しました。リリースの日付は3月3日、ひな祭り。英語ではGirls Dayとも訳されますので、このプランの発表日としては最適でした。

――現地での反響はいかがだったでしょう?――

日本で初めてLGBT向けウエディングのパッケージができたということで、かなりの数のメディアに取り上げていただきました。日本に帰国後も、海外メディアからの問い合わせはほぼそればかり。一般旅行者の方々からは、各国のメディアで記事として掲載されたあとでした。ただ婚礼ですので、直近のお問い合わせはなく、1年とか2年先とか、これから考えたいという方がほとんどでした。

いわゆる一般ツーリズムにおいて、日本への旅行はここ数年で益々人気が高まってきていますが、それとLGBTツーリズムとは少し違っています。〝日本が人気なのはわかるけど、ゲイの僕たちが行っても楽しめないかもしれないね〟という感覚でしたね、当時は。

北米からアジアへ旅行する際、日本を経由してタイやバリ島などのLGBTフレンドリーとしてすでに認知されていた旅行先を選ぶ旅行者が圧倒的に多かったのは事実です。つまり日本では、〝同性二人でダブルベッドに泊まったらなにか言われるんじゃないか〟、〝変な目で見られるんじゃないか〟、という不安をお持ちの方が多く、「日本は保守的だから」というイメージが非常に大きかったのです。そういうイメージを打破し、日本でも同性カップルの婚礼ができますよ、というわかりやすいビジュアルを持ってくることで、まずは日本を旅行先の候補に入れていただくということが大事でした。

最初の結婚式はリリースのほぼ1年後で、２０１５年３月です。レズビアンのカップルでした。２０１４年夏からは、海外のニュースで見たとか、私たちが出展した東京のプライドイベントで資料を見たとかで、日本のメディアもこのプランについて取り上げ始めてくださるようになりました。２０１５年は合計４組の国内外のカップルが同性婚をされています。４組目の方は式をアメリカで挙げられて、披露宴を当ホテルで行ってくださいました。お問い合わせの多くは海外・国内からもコンスタントに来ておりますが、婚礼というのは人生のライフイベントですし、決して安くない金額を使って挙式するわけですから、１年での実施件数はまだそれほど多くはありません。

実は、そもそもこれは婚礼商品を大々的に売るためにつくった企画ではないんです。〝同性カップルの婚礼パッケージがありますよ〟と国内外に向けて情報発信していきたい気持ちはもちろんあるのですが、このパッケージがあることによって〝ＬＧＢＴフレンドリーなホテルです〟ということを、まずはお客さまにわかっていただきたい。そのためにも〝日本や京都に来てくださいね〟というメッセージを世界に向けて出すために明確なビジュアルを打ち出す必要性があったのです。事実、このウエディングプランのリリース以来、海外からも国内からも、同性二名のお客さまが確実に増えました。結婚式自体はまだ数組の実績ですが、その派生効果は大変大きなものがあったように思います。

――婚礼客を増やす為ではなく、実はLGBTフレンドリーを世界に表明することがメイン。ではLGBTマーケットは、日本ではまだ期待できないのではないですか?――

そんなことはないですよ。巨大ですよ、日本市場も。ただ、日本ではLGBT市場に関するリサーチや統計がまだ少なく、特にLGBTツーリズムに特化したものはほとんどないのが現状で、数値化したものが見えにくいですね。日本のゲイ・レズビアンカップルが欧米と違うのは、職場でも家族にもセクシュアリティをオープンにしていない方が多いという点です。だから旅行するのにも気を遣われて、カップルなのにお友達同士を装って旅行される方もいらっしゃる。日本のLGBT市場規模については、国内の大手マーケティング会社がリサーチデータを出すようになってきましたが、旅行業を含む日本のLGBT市場は7兆円規模ともいわれています。また、ある調査によると、LGBT当事者やアライと呼ばれるLGBTの理解者にとって、「LGBTフレンドリー企業の商品を優先的に買いたくなる」という方が過半数を超えるともいわれています。

同じ商品やサービスがA社とB社にあったとして、A社がLGBTフレンドリーでB社がなにもしていないとなると、A社のほうを買おうかなあとなります。そうした伏線的なものまで含めると、旅行に限らず、非常に巨大なマーケットだと思います。ただ悪気はないのでしょうが、LGBTに関してあまりにも知識がない・関心のない方が日本の場合は非常に多いと感じることがあります。それで間接的でも直接的でも、当事者のお客さまに不快な思いをさせてしまっていいます。我々は、まずはそこを認識するところから始めなければいけないと思っています。

同性婚にしても、日本でも今では少しずつ国内で結婚できる場所が増えてきていますが、2013年当時は本当に限られていました。それで日本の同性カップルの多くは、海外で挙式をしていたんです。ハワイは特に人気が高いようですが、間に入った日本の旅行会社さんやブライダルプロデュース会社の担当者に理解がなく、〝えっ!? 同性同士で結婚!?〟というような対応をしてしまえば、まずそこで気持ちが萎えてしまいます。

実際、私のLGBTの友人も式場探しの際に不快な経験をされた方はいらっしゃいます。たとえば「女性二名のどちらかがタキシードを着てくだされば」とか、「日没時なら（他のお客さまがいないので）同性同士でも挙式できますよ」とかです。本来、幸せのお手伝いをするべき立場であるはずの式場関係者からそんな言葉が返ってきたら、本当に悲しくなってしまいますよね。何ヵ所も式場に問い合わせて、もう結婚式はあきらめようかと思い始めたとき、「まずはおめでとうございます」と言ってくださった担当者がいた式場に決めたというカップルもいらっしゃいます。

こうした接遇マナーに関しては、弊社も決して人ごとではありませんでした。一番は先ほどのベッドの問題で、お断りすることはもちろんありませんでしたが、昔は弊社でも男性二人でダブルベッドのお部屋をご予約されたお客さまに、〝ツインも空いておりますが……〟とチェックインの際に言ってしまったことがありました。お客さまがツインルームと間違えられたのだと思い込んでそう申し上げてしまったのですが、スタッフに「同性お二人のご利用がカップルかも」という認識が抜けていたんですね。

今ではそういうことを言うスタッフはもちろんいませんが、親切心でやっていたつもりでも当事者としては傷つくというか、嫌な気分になってしまう。特に日本をはじめアジアのお客さまはカミングアウトしていない方が多いので、そう言われると間違っていないのに間違えましたとおっしゃるお客さまもいるでしょう。結局、ホテルでの対応が悪ければ旅行を楽しんでいただけないでしょうし、LGBTフレンドリーホテルであるためには、やはりスタッフへの教育は最も重要なことだと思っています。

――広告表現のほうでなにか気をつけていることがありますか？――

同性婚プランの広告のほとんどが海外向けに作成したものです。伝統的な日本の美しさを打ち出そうと、白無垢に真っ赤なブーケ、紋付き袴にはレインボーローズのブーケをメインの写真として使いました。プランの内容説明文では、ＬＧＢＴのそれぞれの頭文字をとった単語から文章を作成し、一見して「ＬＧＢＴ」という文字が認識できるようレイアウトしてあります。また、写真の数や大きさに関しても男性カップルと女性カップルが同じ大きさ、同じ枚数になっています。パンフレットに関しては男性カップルと女性カップル両方を掲載しておりますが、ＬＧＢＴ向けの旅行雑誌などに広告を出す場合には、ゲイの方向けとレズビアンの方向けでは別の媒体になりますので、それぞれのマーケットに合うよう、男性向けのビジュアルと女性向けのビジュアルを作成しています。

他に広告関係で感じるのは、国内のＬＧＢＴ向けメディアは欧米に比べるとまだ非常に少なく、またネット広告などではアダルト向けのコンテンツが多数を占めているために、一般企業が広告を出しにくいという現状があります。アメリカやヨーロッパ諸国で街を歩いていると、一般ファッション雑誌や情報誌と同じ並びで、おしゃれなゲイ情報誌や旅行誌が売られています。こうした雑誌には誰もが名前を知っているような大手ホテルチェーンが同性カップルの写真を掲載して広告を出していたり、自治体がＬＧＢＴ旅行者向けの特集記事を出したりしています。社会がＬＧＢＴに対しての理解をもっと深めていけるようになれば、日本でもこうした風景が見られるようになるのでは……と感じます。

また、この分野は特に「クチコミが強い」という実感があります。ＬＧＢＴツーリズムはある意味非常に特殊なマーケットで、ＬＧＢＴの旅行関係者のネットワークは一般旅行マーケットと比べても格段に強い。ＩＧＬＴＡに加盟するメリットもそこにあるのですが、協会に加盟して毎年年次総会で会うメディアの方や旅行会社の方達は互いに旧知の仲であることが多く、国や地域に関係なく強力なネットワークをつくり上げています。最初はこのネットワークにどう入っていけばいいのか戸惑いもありましたが、一度入ってしまえば、「京都で面白い商品ができたよ」とか「今年はあの国が人気」とか、Word of Mouthでどんどん情報を広げていってくださって、それがすごく面白いなと思いました。「ＬＧＢＴツーリズムに携わる仲間」としての連携も強いですね。私どもの同性婚プランも一回リリースを出しただけなのに、今でも取材依頼をいただきますから。日本で初めてこうした企画を打ち出したインパクトと宣伝効果はとても大きく、結果的に弊社のブランディングにつながったと思います。

――お話をお聞きしていると、ＬＧＢＴと旅行業界はとても親和性が高いように思えます。ＬＧＢＴセグメントにおける、旅行業界の今後についてお聞かせください――

国内のプライドイベントもここ数年で格段に参加人数が増えましたが、世界には数百万人規模でプライドイベントを行っている国や地域も数多くあり、旅行業界に大きな影響を与えています。イベントへは当事者でなくても、いわゆるアライの方たちや一般の方々も行きますし、大きなイベントになればなるほど各国お祭りで、ブラジルなどは５００万人規模の集客があります。開催地の自治体や企業に落ちる経済効果は計り知れないぐらい大きいですよね。人気のプライドイベントでは、旅行会社がパッケージツアーを組んで集客を図ったりもしています。

ＬＧＢＴツーリズムに特化した勉強会とネットワーキングの場であるＩＧＬＴＡの年次総会

は、1年おきにアメリカとアメリカ以外の国で開催されることになっていて、様々な国や地域が開催の3~4年前から誘致合戦を行っています。年次総会の開催地になれば、LGBTにとって魅力的な旅行先として世界中へアピールすることができるからです。2014年の総会はスペインのマドリードでの開催でしたが、その年にLGBT旅行者がスペイン国内で消費した額は68億USドル。翌年には「フランスを抜きヨーロッパ随一のLGBT人気都市として成長した」と報道されました。またマドリードでは2017年にワールドプライド（世界最大規模のプライドイベント）の開催も決定しています。

日本でもこのIGLTA年次総会を開催できればと考えておりまして、本部の広報ディレクターにはすでに二回来日していただき、2015年は当ホテルにも視察を兼ねてご宿泊いただきました。会場としてはパーフェクトという言葉はいただいているのですが、そもそもこの年次総会を誘致するには、自治体やその国の官公庁がIGLTAメンバーであることが最低条件となっています。IGLTAのCEOも2017年には初来日が決まっているのですが、日本は自治体も国もメンバーではありません。誘致にお金がかかるのはもちろんですが、LGBTの旅行先として国や地域がLGBTフレンドリーであるという表明をしていなければ、民間企業だけで誘致できるものではない。国も動かなければダメってことです。

近年、一部の国会議員の方々が超党派でＬＧＢＴに関する勉強会を開かれたり、自治体でもＬＧＢＴフレンドリー宣言を出したりするところが出てきましたが、ツーリズムに特化した動きの点では、まだ他の先進国と比べると日本はかなり遅れを取っています。実は２０１９年までの年次総会の開催場所はすでに決定していますが、２０２０年のオリンピックイヤーの開催地がまだ決まっておりません。この年は「アメリカ以外の国」での開催ですので、２０２０年、東京オリンピック直前にＩＧＬＴＡ総会を日本で行い、そのままオリンピックに突入できれば、国としてのＬＧＢＴ施策の最高のアピールの一つになるはずです。オリンピック終了後のさらなるインバウンド拡大にも必ず効果が出ると、確信しています。

※1
ＬＧＢＴなど、性的マイノリティが差別や偏見を受けずに生きていくために、性の多様性理解を深めるイベント。すなわち、日本では毎年５月の東京レインボープライドや10月の関西レインボーフェスタが有名。

第9章

改めて考える「ダイバーシティに企業やビジネスはどう向き合うか？」

民主主義とダイバーシティと「正しさとはなにか」

本書を執筆するにあたって、性的マイノリティを中心にいろいろな方々にインタビューさせていただいた。快く、またフランクにお話ししていただいたことに改めて深謝の意を表したい。ただし実は、違和感を覚えることがまったくなかったわけでもない。性的マイノリティの人権問題、さらに言えば現実に直面している数々の社会的課題に対する憤りが背景にあるのだろうか、「正しい」「あるべき」「すべき」という言葉をしばしば口にする方もいらっしゃった。

繰り返し前記したように、民主主義において多数決は最もわかりやすく、シンプルな決定手段である。市民・国民が主体的に政治に参画するのが民主主義であって多数決は絶対条件ではないため、多数決以外の民主的な決定手段を否定する気はない。しかしよく話し合ったうえでこれ以上の話し合いは時間の無駄だとなった場合には多数決で決するしかない、というのが現代人の総意ではなかろうか。それに対して「数の論理（多数決）は民主主義への冒涜だ」と批判する人もいるが、では、「よく話し合ったうえでの多数決」以外にどうやって物事を決めるのかと逆に聞きたいくらいだ。多数決を否定すれば近代以前の一部権力による独裁的な社会に戻るかもしれないという、より深刻なリスクを想像できないわけがあるまいに。

さて、性的マイノリティに限らないが、多数決においてマイノリティは立場が弱く、このままでは自分たちの希望を実現することは叶わない。そのためにマジョリティに対して、マイノリティの意見に賛成するように働きかける必要がある。このときよく使用される言葉こそが、「正しい」「あるべき」「すべき」の三点セットだ。一種の布教とも言えるかもしれない。ただし、この「正」という言葉はなかなかに曲者である。語源を遡ると、もともとは国や城を意味する「口」が省略された「一」の前に、軍隊が今まさに攻め込もうと止まっている状態を示す「止」を配置した会意文字が「正」なのだという（図表9－①）。つまり、敵対する相手を攻め滅ぼして制圧することが「正」の元々の意味なのだ。征服・征伐の「征」や「武」の字中にも「正」が入っている理由でもある。また、「あるべき」「すべき」等の「べき」は、「当然そうなるだろう」という意味の「宜《うべ》し」の発音が変化したとする説が有力だが、その前提には「正しいから当然」という決め付けがやはり

図表9－①：「正」の語源

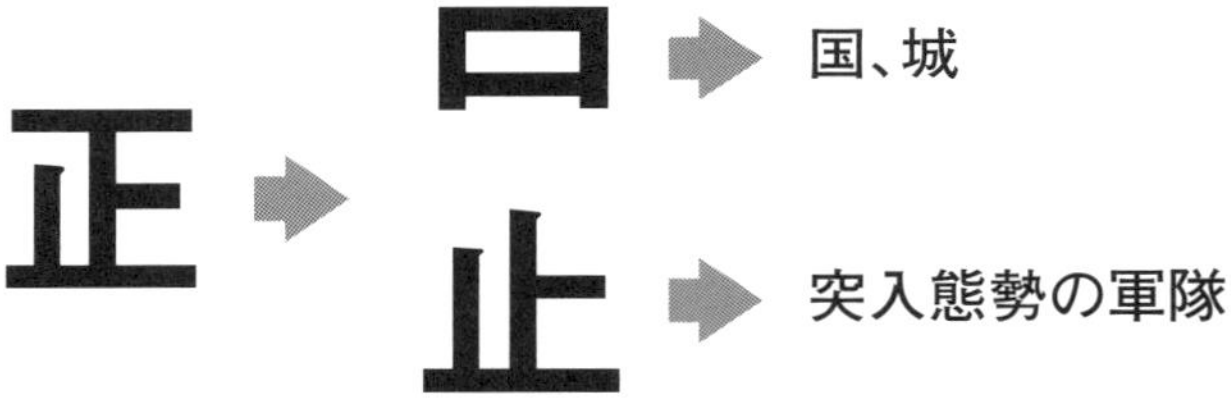

出典：著者作成

あると思われる。しかし、この世の中に本当に正しいことなんてあるのだろうか？　全員が「これは素晴らしい、正しいことだ」とピュアな気持ちで賛同することなんてあるのだろうか？　おそらく、いや、絶対にありえない。だから、最終的には無理やりにでも従わせるしかない。元来的には「力で抑え込む」という含意の漢字が、今日では「正しい」として通用している背景はそんな事情があるように思われる。

近代以前は権力者の考えが絶対的に正しく、それ以外はすべて正しくないとされて、民衆は権力者に従わざるを得なかった。それに対抗する民主主義は試行錯誤を経て、絶対的に正しいことなんて世の中にはない、という諦観にも似た英知に辿り着いた。だから、せめてもの決定手段として多数決を重視するに至ったのではなかろうか。ただし、こうも思う。『だからこそ、多数決の結果を絶対に正しいと信じてもいけない』と。多数決もまた、数の力で抑え込む行為なのだから。つまり、なにかの社会的制度やルールを決定せざるを得ないのであれば多数決が最良策だが、制度・ルールをあえてつくらずに良心に任せるという別の道も、民主主義には存在するのではあるまいか。

その意味で、なんでもかんでもマイノリティの権利を制度やルールで守ろうとする考え方には、やはり違和感を個人的に覚える。たとえば、性的マイノリティの雇用環境について改善の動きがあることを第5章で概観したが、私は企業に制度を強要することに反対だ。できる限り、企業の自主性に任せることが望ましいと考えている。性的マイノリティに備わるある種の才能に魅力を感じる企業が人材確保の観点で自主的に対応すれば良いのであって、そうではない企業まで一律に社会的義務を課すのはいかがなものだろうか。性的マイノリティ雇用の超優等生として紹介されるアップルやゼロックスにしても、企業が求める人材に性的マイノリティが多かったため、良い人材を集めようとして彼ら・彼女らの雇用制度を結果的に充実させてきた、というのが実情だろう。

横並びの一斉入社や終身雇用が根強い日本企業では、才能による待遇格差をあからさまに付けないケースが多い。そのため米国とは事情が大きく異なるものの、グローバル化の中で就職・雇用の改革が急務であることも事実である。法制度や社会ルールが変わる前に、企業は自らの利益創造のために積極的に変わっていってほしい。法制度や社会的ルールではなくて、良心に基づいてダイバーシティ社会を実現し維持することを甘っちょろいと言われても私は考えるべきだと思う。

寛容を肯定し、良心に真摯に従うのもダイバーシティ

本書冒頭にユニバーサルとダイバーシティの対立を記したが、絶対的正しさに対しても、ユニバーサルは「あるはずだ、あると信じたい」、ダイバーシティは「あるわけない」という構図が描けそうだ。そう考えると「一人ひとりが正しいと思うこと」が同じでなくても良い。自分はこう考えるけど、それとは違って考える人もいる社会のほうがむしろ健全。だから、相手に対しては「自分が正しくないと思うことはしない」けど、相手を「正そう」なんてこともハナッから考えない、という寛容さもまたダイバーシティ社会の本質なのではなかろうか。しかし現実を見ると、近年になってＳＮＳ上での「炎上」が急増したり、不倫など不道徳な行為を徹底的にバッシングしたりする風潮が跋扈するなど、以前と比べて日本社会が不寛容になったと指摘されることが多くなっている。寛容の精神なくして、ダイバーシティはありえない。ということは、あれっ、もしかして日本のダイバーシティは、もしかして後退している？

その意味で、今の日本に、日本人にもっと必要なのは寛容の精神なのではないだろうか。

これまで概観してきたように、企業は性的マイノリティに対して「顧客」「社会運動テーマ」「社内人材」の三つの視点で向き合うが、いずれに対しても「正しさは一つではない」「私とは違うけど、あなたの考えも良いよね」「自分が正しくないと思うことを相手に対してしない」などのダイバーシティ視点の良心が、ビジネスパーソンや企業（トップ）に問われるのではなかろうか。そして、その行動のための一つのヒントとして、最後に再びドラッカーの名言を紹介したい。

マネジメントにかかわる能力は学ぶことができる。だがそれだけでは十分ではない。スキルの向上や仕事の理解では補うことができない根本的な素質が不可欠である。それこそが真摯さである。

マネジメントは直訳すれば経営や管理を指すが、ドラッカーはもっと広い概念として「良い仕事をすること」「成果を上げること」などの意味で使っている。つまりドラッカーの言うところの真摯さとは、経営者や管理職はもとより、良い仕事をしたいと思っているすべてのビジネスパーソンに問われている根源的資質なのである。この「真摯」だが、原著では「インテグリティ（integrity）」とある。一般的には「正直、誠実、高潔、廉直、真摯」などと和訳されることが多いが、キリスト教的宗教観と結びつきが深く、日本人にはなかなか理解しにくいと言われる。インテグリティはラテン語の「integer（完全無欠な、整っている）」という単語に由来し、「神や天が授けた『人間本来』を受け入れる」という生き方を意味する。

性的マイノリティも含めてこの世の中に存在するものすべてを自分の良心に従って受け入れる心、すなわちインテグリティの精神こそがダイバーシティ社会に生きる現代人の知恵なのではあるまいか。いや、試されている度量とか矜持と表現するほうが適切かもしれない。ダイバーシティや性的マイノリティを考える基点として、真摯さ・インテグリティという思想・概念を改めて肝に銘じたい。

突き詰めれば、ダイバーシティ・マーケティングの本質とは、寛容をもってすべてを等しく受け入れたうえで、自分の偏狭な正義や常識にとらわれることなく顧客とニーズに真摯に対峙することであり、その大前提としてビジネスパーソンの生き方が問われているのではないだろうか。

おわりに

この本を執筆した２０１６年の大ヒット映画といえば、なんといっても『君の名は。』だ。もちろん私も観た。実は三回も。同作品のテーマについて「入れ違い」とされることが多いようだが、私には衣服の袖が擦れ合うほど接近する様子に由来する「すれ違い」のほうがピンとくる。

「男↑↓女」「現在↑↓三年前」「大参事が起きた世界↑↓防げた世界」などまったく異なる属性が主人公二人を介してすれ違う。本来は起きるはずのないすれ違いゆえに、すれ違いによって生じた記憶は消え去る。しかし愛情だけは消えずに魂の奥底でくすぶり続けて、現実に起きたすれ違いざまにお互いにハッとする。そして尋ねずにはいられない、「君の名は？」と。もしまだ見ていない人がいたら「ネタバレ」でごめんなさい。２０１６年

12月5日時点で動員観客数は国内だけで1500万人超だという。それにしても、同作品はなぜこれほど多くの人を魅了するのだろうか。

その一つのヒントになりそうなのが、「ベターハーフ（Better Half）」という概念だ。もともと天国で一つだった魂がこの世に生まれ落ちる際に男女に二分されるので、自分の片割れだった相手、すなわちベターハーフを現世で求め続けている、という切ない話だ。古代ギリシャの哲学者プラトン（紀元前427〜同347）の『饗宴』が大元だとされており、人類に根付いている根源的な恋愛観と言っても過言ではあるまい。

『君の名は。』のすれ違いも、基本的にはこのベターハーフが根っこにあることは間違いない。幾重にも交差する不思議なすれ違いの中でベターハーフを発見したものの、実際には会うことができないもどかしさが、そして最後に出会えた時の歓喜が観客の心を打つのであろう。その意味で、人生とはベターハーフを探す旅のようなものかもしれない。恋人や配偶者がいようといまいと、ベターハーフを希求する魂の渇きは止むことがないのではあるまいか。

さて、ベターハーフの起源と考えられている『饗宴』のエピソードが、実は非常に興味深い。原始時代の人間の肉体は二人で構成されており、「男＋男」「女＋女」「男＋女」の三種が存在した。自信過剰になった人間が神に戦いを挑んだが敗北し、神によって体を割かれた結果、同性愛者と異性愛者に分かれた、と記述されているのだ。古代において同性愛に対する差別がなかったことは前記したとおりだが、同性もベターハーフの対象として自然体に考えられていたわけである。

「これが正しい。あれは間違い」「これが自然。あれは不自然」「これが常識。あれは非常識」などの線引きは、その時折で恣意的になされるに過ぎない。公共の利益を考慮して一定のルールは必要だろうが、なるべく線引きもルールもない、自由で寛容な生き方を肯定する人が一人でも増えてほしいと願う。

ＬＧＢＴや性的マイノリティに焦点を当てつつ、ダイバーシティ社会への道筋をマーケティング的視点で示せれば、と執筆した本書が同じ志の方々のお役に少しでも立てば本望です。

四元正弘

四元正弘（よつもと・まさひろ）

四元マーケティングデザイン研究室代表／
元・電通総研・研究主席
1960年神奈川県生まれ。東京大学工学部卒業。サントリーでワイン・プラント設計に従事したのちに、87年に電通総研に転籍。のちに電通に転籍。メディアビジネスの調査研究やコンサルティング、消費者心理分析に従事する傍らで筑波大学大学院客員准教授も兼任。2013年3月に電通を退職し独立、現在は四元マーケティングデザイン研究室代表を務め、21あおもり産業総合支援センターコーディネーターも兼職する。主たる専門領域である消費者心理・動向分析では日本の第一人者としてその分析には定評があり、このテーマでの企業研修や講演多数。

千羽ひとみ（せんば・ひとみ）

フリーランス・エディター／ライター
神奈川県生まれ。広告制作会社でＰＲ誌制作に従事したのち、数社を経て独立、フリーランスのエディター兼ライターに。月・週刊誌での現代日本と女性が抱える諸問題のルポルタージュから、経済、社会、料理関連本の編集執筆など、幅広い分野で活躍。特に人物取材とその人間性にまで踏み込んだ描写には定評があり、著名人自伝ならびに著書のライティングも多数。本書では企画立案ならびに7章と8章を担当。

宣伝会議 の書籍

【実践と応用シリーズ】

CMを科学する

「視聴質」で知るCMの本当の効果とデジタルの組み合わせ方

横山隆治 著

本書では、あいまいだったテレビCMの効果効能を科学的に分析し、真のデジタルマーケティングに必要なデータと共に動画コンテンツのありかた、将来的なテレビCMのあり方について論じる、マーケティング関係者必読の書。

■本体1500円＋税 ISBN 978-4-88335-364-4

【実践と応用シリーズ】

生活者視点で変わる小売業の未来

希望が買う気を呼び起こす 商圏マネジメントの重要性

上田隆穂 著

ネット販売や新しい決済方法、商品の受け取り方、オムニチャネルなど様々な革新が至るところで起きている。そんな流通小売業の大きな変化を「生活者の視点」で見直すとどうなるのか。小売りの実証実験の結果をもとに新しい小売業のあり方をまとめた書籍。

■本体1500円＋税 ISBN 978-4-88335-367-5

【実践と応用シリーズ】

拡張するテレビ

広告と動画とコンテンツビジネスの未来

境 治 著

フジテレビの凋落やCM不振など、ネガティブな話題ばかりがとりあげられがちなテレビの周辺ビジネスの状況をイチから整理し、根本から考え直した末に見えてきた、新しい時代の広告、動画、コンテンツビジネスのあり方を提示する書籍。

■本体1500円＋税 ISBN 978-4-88335-366-8

【実践と応用シリーズ】

サスティナブル・カンパニー

「ずーっと」栄える会社の事業構想

水尾順一 著

サスティナビリティの考え方は、企業が本当に社会の役に立つ存在になるための「事業構想」を考える上でも大きなヒントになる。大手企業が不祥事を起こしている今、世の中に信頼されるビジネスをどう生み出すのかをまとめた書籍。

■本体1500円＋税 ISBN 978-4-88335-368-2

詳しい内容についてはホームページをご覧ください www.sendenkaigi.com

宣伝会議 の書籍

【宣伝会議マーケティング選書】
デジタルで変わる
マーケティング基礎

宣伝会議編集部 編

この1冊で現代のマーケティングの基礎と最先端がわかる！ デジタルテクノロジーが浸透した社会において、伝統的なマーケティングの解釈はどのように変わるのか。いまの時代に合わせて再編したマーケティングの新しい教科書。

■本体1800円＋税 ISBN 978-4-88335-373-6

【宣伝会議マーケティング選書】
デジタルで変わる
宣伝広告の基礎

宣伝会議編集部 編

この1冊で現代の宣伝広告の基礎と最先端がわかる！ 情報があふれ生活者側にその選択権が移った今、真の顧客視点発想が求められている。コミュニケーション手法も多様になった現代における宣伝広告の基礎をまとめた書籍です。

■本体1800円＋税 ISBN 978-4-88335-372-9

【宣伝会議マーケティング選書】
デジタルで変わる
広報コミュニケーション基礎

社会情報大学院大学 編

この1冊で現代の広報コミュニケーションの基礎と最先端がわかる！ グローバルに情報が高速で流通するデジタル時代において、企業広報や行政広報、多様なコミュニケーション活動に関わる広報パーソンのための入門書です。

■本体1800円＋税 ISBN 978-4-88335-375-0

【宣伝会議マーケティング選書】
デジタルで変わる
セールスプロモーション基礎

販促会議編集部 編

この1冊で現代のセールスプロモーションの基礎と最先端がわかる！ 生活者の購買導線が可視化され、データ化される時代における販促のあり方をまとめ、売りの現場に必要な知識と情報を体系化した新しい時代のセールスプロモーションの教科書です！

■本体1800円＋税 ISBN 978-4-88335-374-3

【実践と応用シリーズ】

ダイバーシティとマーケティング

LGBTの事例から理解する新しい企業戦略

発行日　2017年3月1日　初版

著者　四元正弘・千羽ひとみ
発行者　東 英弥
発行所　株式会社宣伝会議
〒107-8550　東京都港区南青山3-11-13
tel.03-3475-3010(代表)
http://www.sendenkaigi.com/

印刷・製本　中央精版印刷株式会社
装丁デザイン　SOUP DESIGN

ISBN 978-4-88335-390-3　C2063